Schulmanagement-Handbuch

Band 117

Holger Mittelstädt

Effizientes Führen und Delegieren

Fakten
Gründe
Praxistipps

Oldenbourg

Impressum

Schulmanagement-Handbuch 117 · 25. Jahrgang · März 2006
ISSN 1618-5978

Verlag: Oldenbourg Schulbuchverlag GmbH, Rosenheimer Straße 145,
81671 München, Tel. 089/45051-0, Fax -310, www.oldenbourg-bsv.de

Gesellschafter: Alleiniger Gesellschafter des Verlages ist die R. Oldenbourg Verlag GmbH unter
der oben genannten Anschrift. Alleiniger Gesellschafter der R. Oldenbourg Verlag GmbH
ist die Cornelsen Verlagsholding GmbH & Co., Mecklenburgische Straße 53, 14197 Berlin

Vertrieb: Prögel Pädagogik, Rosenheimer Straße 145, 81671 München,
Tel. 089/45051-263, Fax -298, aboservice@proegel.de
In Österreich: Veritas Verlags- u. Handelsges. m. b. H & Co. OHG, Hafenstr. 1–3, A-4010 Linz,
Tel. 0732/776451-2223, Fax -2221

Verlagsredaktion: Stefan Holler (Leitung), Nadine Schicht, Oldenbourg Schulbuchverlag,
Tel. 089/45051-371 und -381, Fax -310, schicht@oldenbourg.de

Herausgeber (verantwortlich): PD Dr. Thomas Riecke-Baulecke, Schulweg 27, 22844 Norderstedt,
Tel. 040/5264-371, Fax: -0543, dr.riecke@wtnet.de

Manuskriptangebote: Redaktionsbüro Norderstedt, Ingrid Baulecke, Schulweg 27, 22844 Norderstedt,
Telefon 040 / 5 26 43 71, ingrid.baulecke@wtnet.de

Fachbeirat: Dr. Cordula Artelt (Berlin), Prof. Dr. Hans Christoph Berg (Marburg), Priv. Doz. Dr. Claus Buhren
(Köln), Dr. Peter Döbrich (Frankfurt/M.), Michael Doppke (Elmshorn), Burkhard Hitz (Braunschweig),
Prof. Dr. Stephan Gerhard Huber (Erfurt), Prof. Dr. Olaf Köller (Berlin), Heike Körnig (Berlin), Dr. Josef Lackner
(Salzburg), Barbara Loos (München), Holger Mittelstädt (Hohen Neuendorf), Hans-Werner Müller (Dresden),
Klaus Obermeyer (Hamburg), Thomas Richter (Norderstedt), Prof. Dr. Heinz S. Rosenbusch (Bamberg),
Prof. Dr. Annette Scheunpflug (Nürnberg), Konstanze Schneider (Offenbach), Herbert Schnell (Wiesbaden),
Prof. Dr. Hans-Georg Schönwälder (Bremen), Bärbel Volkers (Bordesholm), Prof. Dr. Jochen Wissinger (Gießen)

Herstellung und Satz: Popp Media Service, Herrenbachstraße 19 ½, 86161 Augsburg,
Tel. 08 21 / 56 75 -111, Fax -112, info@poppmediaservice.de

Druck- und Bindearbeiten: Sellier Druck GmbH, Angerstraße 54, 85354 Freising

Anzeigenverwaltung (verantwortlich): Renate Kienzler, Anzeigenagentur ConTex, Pater-Kolbe-Straße 3,
71638 Ludwigsburg, Tel. 07141/871- 670, Fax -753, www.contexlb.de. Anzeigenpreisliste Nr. 25, gültig ab
1.1.2006. Anzeigenschluss 7 Wochen vor Erscheinen

Erscheinungsweise: 4-mal jährlich (März, Juni, Sep., Dez.)

Bei Nichterscheinen ohne Schuld des Verlages übernimmt der Verlag keine Rückerstattung des Bezugspreises

Abonnementbestellungen: bei jeder Buchhandlung und bei Prögel Pädagogik, Aboservice,
Rosenheimer Straße 145, 81671 München, Tel. 089/45051-263, Fax 089/45051-298, aboservice@proegel.de
In Österreich: Bei der Veritas Verlags- und Handelsges.m.b.H. & Co.OHG, Zeitschriften, Hafenstraße 1-3,
A-4010 Linz, Tel. 0732/776451-2223, Fax 0732/776451-2221.

Einzelhefte können nur durch die Prögel Pädagogik GmbH oder (in Österreich) durch den Veritas Verlag
bezogen werden

Abbestellungen: Eine Kündigung muss spätestens 8 Wochen vor Ende des Jahresberechnungszeitraumes
erfolgen, ansonsten verlängert sich das Abonnement jeweils automatisch um ein weiteres Jahr. Aus organisatorischen Gründen können Abbestellungen nur schriftlich innerhalb der oben genannten Frist Berücksichtigung
finden.

Bezugspreis: Einzelheft € 15,70 (Österreich: € 16,50/Schweiz: sFr. 28,70) inkl. MwSt. zzgl. Versandkosten
Jahresabonnement € 52,00 (Österreich: € 53,50/Schweiz: sFr. 87,90) inkl. MwSt. zzgl. Versandkosten

Anschriftenänderung: Bitte mit alter und neuer Anschrift sowie Angabe der Kundennummer
(steht auf Ihrer Rechnung) an: Prögel Pädagogik, Aboservice, Rosenheimer Straße 145, Postfach 801343,
81671 München, Tel. 089/45051-263, Fax 089/45051-298, aboservice@proegel.de
In Österreich: Veritas Verlags- und Handelsges.m.b.H. & Co. OHG, Zeitschriften, Hafenstraße 1–3,
A-4010 Linz, Tel. 0732/776451-2223, Fax 0732/776451-2221.

Inhalt

5 Führungsfeedback 56

6 Software im Schuleinsatz 67

7 Planungshilfen für Projekte, Aufgaben, die eigene Zeit 84

Vorwort

Liebe Leserin, lieber Leser,

„Wer nicht delegieren kann, kann auch nicht führen." So hat es Alec Mackenzie, Gründer einer großen amerikanischen Unternehmensberatung einmal gesagt.

Delegieren können setzt zunächst einmal das Wissen um die Ziele sowie deren Vereinheitlichung im Kollegium voraus. Gerade das Tagesgeschäft von Schulleitungen ist gekennzeichnet von Unvorhergesehenem. Der krank gewordene Sachbearbeiter einer Krankenkasse wird seinen Schreibtisch nach einer dreitägigen Erkältung selbst leer arbeiten können. In der Schule kann Unterricht nicht verschoben werden. Eltern, die mit ihren Sorgen zur Schulleitung kommen, können nicht einfach abgewiesen werden. Und die Lehrkräfte haben immer wieder kurzfristigen Klärungsbedarf. Schulleitungen müssen selbst unterrichten.

Die Zeit für die Leitungstätigkeit ist knapp. Es gilt also Freiräume zu schaffen für originäre Führungsaufgaben und sich zu entlasten von administrativen und organisatorischen Tätigkeiten.

Die Gründe, warum Aufgaben nicht delegiert werden, sind vielfältig. Oft genug wird gedacht, dass die Aufgaben schneller zu erledigen seien, wenn man sie selbst macht. Manche Schulleitungen schauen auf ihr engagiertes und belastetes Kollegium und mögen ihm nicht noch mehr Arbeit übertragen. Manchmal erscheint es aufwändig, die Voraussetzungen dafür zu schaffen, ein Kollegiumsmitglied in die Lage zu versetzen, eine zu delegierende Aufgabe selbstständig zu erledigen.

Doch Delegieren von Aufgaben bringt auf längere Sicht viele Vorteile. Die eigene Zeit kann – auch im Interesse des Kollegiums – optimaler genutzt werden. Jeder Einzelne bekommt das Gefühl von Verantwortung und wird sich entsprechend engagieren. Delegieren ist ein Motivationselement, das die Kolleginnen und Kollegen darin fördert, sich weiterzuentwickeln. Werden viele Aufgaben auf viele Schultern verteilt, kann auch gemeinsam auf die erzielten Erfolge geblickt werden. Das Wir-Gefühl des Kollegiums wird gestärkt.

Das vorliegende Handbuch setzt sich mit dem Delegieren von Aufgaben auseinander. Dabei geht es um eine bewusste Strategie von Aufgabendelegation sowie um das Wissen über die praktischen Voraussetzungen, die gegeben sein müssen, um das Prinzip des Delegierens zu einer erfolgreichen Führungsstrategie zu machen. Nicht zuletzt finden Sie praktische Hinweise und Checklisten für die eigene Verwendung.

Ich hoffe, Sie finden Anregungen und Unterstützung für Ihre tägliche Arbeit.

Ihr Thomas Riecke-Baulecke

... gib mir die Gelassenheit, Dinge hinzunehmen, die ich nicht ändern kann,
den Mut, Dinge zu ändern, die ich ändern kann,
und die Weisheit, das eine vom anderen zu unterscheiden.

(Reinhold Niebuhr, 1943)

1 Einführung

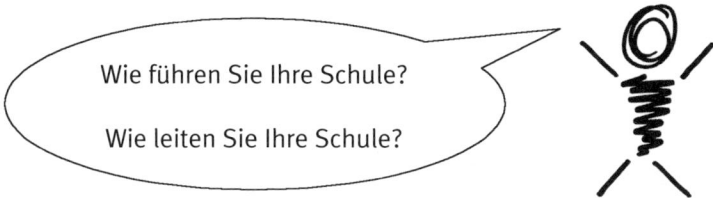

Wie führen Sie Ihre Schule?

Wie leiten Sie Ihre Schule?

Vielleicht sind Sie schon lange im Geschäft. Sie sind seit Jahren erfolgreicher Schulleiter. Alles hat sich eingespielt. Der Laden läuft, wie man so sagt. Verwaltungsabläufe und Zuständigkeiten sind innerhalb der Schulleitung geklärt. Ihr Stellvertreter weiß, was er zu tun hat. Die Kollegen, die in der ‚erweiterten Schulleitung' mitarbeiten, haben ihre Aufgaben und erledigen diese mit Souveränität. Koordinatoren und Abteilungsleiter versehen selbstständig ihren Dienst. Ihr Schulbüro arbeitet sorgfältig und zuverlässig. Auf die ist wirklich Verlass. Der Hausmeister hält die Schule in Schuss. Keine Tür klemmt oder quietscht. Das Reinigungspersonal reinigt so gründlich, dass Sie jeden Morgen, wenn Sie die Schule betreten, den Eindruck haben, am vergangenen Tag wäre der jährliche Großputz durchgeführt worden. Und Sie, Sie erledigen den anfallenden kleinen Rest an Aufgaben, um die sich sonst niemand kümmert. Darüber hinaus können Sie Ideen entwickeln für die Ausgestaltung des pädagogischen Profils Ihrer Schule. Sie lassen sich regelmäßig fortbilden und besuchen andere Schulen, um sich von deren Angebot und Profil inspirieren zu lassen. Sie sind innovativ und können Ihre Anregungen zur Veränderung und Schulentwicklung auch gut dem Kollegium vermitteln, das dann mit Ihnen zusammen an einem Strang zieht ...

Vielleicht sind Sie erst seit kurzer Zeit an Ihrer Schule Schulleiter. Sie haben mit viel Elan begonnen und hatten viele gute Ideen, bevor Sie Ihre Stelle antraten. Ihre guten Ideen stellten Sie in Konferenzen und Bewerbungsverfahren vor. Alle waren begeistert. Und als Sie dann mit der Arbeit anfingen, versuchten Sie, einige dieser Ideen auch sofort umzusetzen. Und das geschah mit anfänglich großem Erfolg. Schließlich waren alle froh, dass nun endlich einmal etwas passiert und das lange „Schmoren im eigenen Saft" doch noch ein Ende hatte. Auch Ihnen ging es mit den eigenen ersten Erfolgen gut. Sie merkten, dass Ihre Ideen gut ankamen. Sie spürten einen Hauch von Pioniergeist.

Aber im Laufe der Zeit erloschen die ersten Feuer. Sie merkten, dass es an einigen Stellen im Bereich Ihrer Schulleitung Probleme gab, die Sie immer vor sich hergeschoben haben. Einige Dinge, die Sie nicht sofort bearbeiten wollten oder konnten, wurden immer größer und wurden schließlich zu echten Problemen. Ein paar Beschwerden aus dem Kollegium und seitens der Schulaufsicht nahmen Sie nicht richtig ernst, weil Sie dachten, es handele sich hierbei um Eingewöhnungsschwierigkeiten oder die ganz normale Angst vor dem Neuen, Ungewohnten, wenn man sich jahrelang auf Althergebrachtes und Gewohntes verlassen konnte. Im Laufe der Zeit spürten Sie, dass es immer schlimmer wurde. Überall taten sich neue Probleme auf. An allen Ecken und Enden merkten Sie, dass etwas getan werden muss. Sie arbeiteten immer länger und kamen immer später nach Hause. Und trotzdem hatten Sie das Gefühl, die Arbeit nicht zu schaffen und nur noch damit beschäftigt zu sein, Probleme aus dem Weg zu räumen. Sie hetzten nur noch von einem Brandherd zum nächsten, für die eigentliche Arbeit blieb keine Zeit mehr.

Ihre Familie machte Ihnen mehr Schwierigkeiten als früher. Die Kinder nahmen kein Blatt vor den Mund und warfen Ihnen offen vor, dass sie mit der Gesamtsituation zu Hause unzufrieden sind. Ihr Partner ist am Anfang noch verständig, verliert aber nach und nach das Verständnis dafür, dass Sie nur noch zum Essen und Schlafen nach Hause kommen.

Und nun, nun wissen Sie nicht mehr weiter. Sie würden es gerne allen recht machen, aber wissen nicht wie. Manchmal ertappen Sie sich sogar schon bei dem Gedanken, alles hinzuwerfen und einfach wieder nur ganz normaler Lehrer zu sein. Was waren das für schöne Zeiten ...

Die beiden geschilderten Situationen sind Extreme. Welche Darstellung trifft auf Sie eher zu? Sind Sie der erfolgreiche, etablierte Schulleiter, den nichts aus der Bahn werfen kann, der alles im Griff hat und den alle bewundern? Der motivierend, innovativ und mit dem Blick für langfristige Perspektiven die Schule führt? Oder finden Sie sich eher im zweiten Beispiel wieder? Würden Sie gerne mehr erreichen und umsetzen, fühlen sich aber durch die alltäglich anfallende Arbeit so sehr belastet, dass für die Kür nach der Pflicht kaum noch Zeit übrig bleibt? Haben Sie das Gefühl, dass Sie dringend mehr Freiräume bräuchten? Oder liegt Ihr Fall irgendwo zwischen den beiden geschilderten Extremen?

Dieses Handbuch soll Ihnen Anregungen und Anleitungen dazu geben, die eigene Schule effizient zu führen. Es soll Ihnen dort Hilfestellungen geben, wo es möglich ist, Aufgaben und Arbeiten zu delegieren und aufzuteilen.

Zwei Dinge sollten jedoch nicht vergessen werden, wenn es um das effiziente Führen und Delegieren geht. Egal, welche Aufgaben anfallen, in der Schule muss immer miteinander kommuniziert werden. Und zur Kommunikation gehören immer zwei Personen oder Gruppen, die miteinander kommunizieren. Funktioniert die Kommunikation zwischen diesen Gruppen, ist ein entscheidender Grundstein zu effizientem Führen und zum Delegieren von Verantwortung und Aufgaben gelegt. Funktioniert die Kommunikation nicht, muss als erstes hier angesetzt werden.

Mit der Kommunikation einher geht die Kooperation. Eine Schule kann nur erfolgreich geführt werden, wenn die verschiedenen daran beteiligten Gruppen miteinander kooperieren. Das bedeutet konkret: Sie können noch so gut sein, Sie können noch so tolle Ideen und Vorstellungen von einer sich entwickelnden Schule haben. Wenn Ihr Kollegium, die Schulaufsicht und die Elternschaft der Schule nicht mitmachen, vielleicht sogar kontraproduktiv agieren, werden Sie Ihre Ansätze nicht umsetzen können. Auch weitere Mitglieder der Schulleitung und das andere Schulpersonal (Bürokräfte und Hausmeister) müssen mit Ihnen kooperieren. Ein grundsätzlich rigider Führungsstil, bei dem einer immer nur Befehle austeilt und alle anderen sich danach richten müssen, ist in der Schule von heute und morgen nicht mehr hilfreich. Damit würde man zwar Anweisungen durchsetzen können, aber das Klima an einer solchen Schule – und somit der pädagogische Erfolg – wäre zum Scheitern verurteilt.

Wie für viele Bereiche des Lebens trifft auch für das effiziente Führen und Delegieren zu: Der Schlüssel zum Erfolg ist oft die eigene Konsequenz. Es ist wichtig, dieses immer wieder zu betonen. Wenn etwas nicht konsequent, sondern nur halbherzig umgesetzt wird, ist es zum Scheitern verurteilt:

> Wenn Sie Schülern eine Strafe androhen, diese aber im Ernstfall nicht anwenden, werden die Schüler Ihnen irgendwann auf der Nase herumtanzen.
> Wenn Sie nicht verlässlich handeln, wird man Sie nicht ernst nehmen. Sie können nicht die Kollegen in einer Konferenz dazu auffordern, in Zukunft den Unterricht bitte pünktlicher zu beginnen und selber immer erst fünf Minuten nach dem Pausenende Ihr Büro verlassen. Dafür mag es noch so gute Gründe geben, das Kollegium wird Sie nicht verstehen.

> Gleiches gilt für Ihre eigene Organisation: Sie braucht Konsequenz. Wenn Sie nicht konsequent Aufgaben delegieren, werden Sie bald wieder alles selber machen.
> Wenn Sie nicht konsequent Ihren Terminplan führen und koordinieren, werden Sie bald wieder zu alten Verhaltensmustern zurückkehren.
> Wenn Sie nicht konsequent Ihre Aufgabenlisten strukturiert führen, werden Sie bald wieder überall gelbe Notizzettel befestigen und Telefonnummern auf Kassenbons notieren.

Weitere Faktoren spielen in Bezug auf die effiziente Führung einer Schule eine bedeutende Rolle: Schaffen Sie es, Ihre Kollegen zu motivieren statt zu demotivieren? Legen Sie Wert darauf, dass Sie von Ihrem Kollegium Informationen und subjektive Aussagen zu Ihrem Führungsverhalten gespiegelt bekommen („Führungs-Feedback")?

Lieben Sie das Chaos und fürchten Sie die Struktur? Kommen Sie damit zurecht und vergessen Sie nie einen Termin? Haben Sie trotzdem genug Zeit, mit Ihren Kindern im Herbst Drachen steigen zu lassen und hin und wieder am Wochenende mit ein paar Freunden zu zelten? Dann brauchen Sie dieses Schulmanagement-Handbuch nicht zu lesen.

Für alle anderen: Im zweiten Kapitel finden Sie Tipps und Anregungen dazu, wie Sie mit Ihrem Kollegium kommunizieren und wie Sie Ihr Kollegium dazu motivieren können, mit Ihnen konstruktiv zusammenzuarbeiten.

Im dritten Kapitel erfahren Sie etwas über die Zeit, die Ihnen für Arbeit und Freizeit zur Verfügung steht. Anschließend wird im vierten Kapitel dargelegt, wie Sie Projekte in Aufgaben zerlegen und diese an Ihre Kollegen delegieren. Hier finden Sie auch Hinweise dazu, welche Gefahren das Delegieren mit sich bringt und wie Sie ein Projekt garantiert an die Wand fahren.

Im anschließenden fünften Kapitel wird die Wichtigkeit der Rückmeldung, die das Kollegium an Sie gibt, betont. Wie Sie ein konstruktives Führungsfeedback durchführen können, soll hier aufgezeigt werden.

Das sechste Kapitel betrachtet unterschiedliche Computerprogramme, die in der Schulverwaltung hilfreich sind.

Schließlich finden Sie im letzten Kapitel zahlreiche Planungshilfen und Tabellen zum Einsatz in der praktischen Arbeit.

2 Kommunikation und Kooperation in der Schule

Ein wesentlicher Aspekt des Führens und Delegierens an einer Schule ist die Frage, wie und ob Kommunikation gelingt. Nur wenn Sie Ihr Kollegium mit Ihren Vorstellungen von Schule und Unterricht „erreichen" können, werden Sie erfolgreich mit dem Kollegium kooperieren können. Gute Kooperation ist also immer auch eine Folge von guter Kommunikation. Deshalb muss geklärt werden, wie Sie mit Ihrem Kollegium und Ihren Mitarbeitern zur Zeit kommunizieren und ob ggf. Veränderungen an Stellen nötig sind, wo es bisher noch nicht so gut klappt.

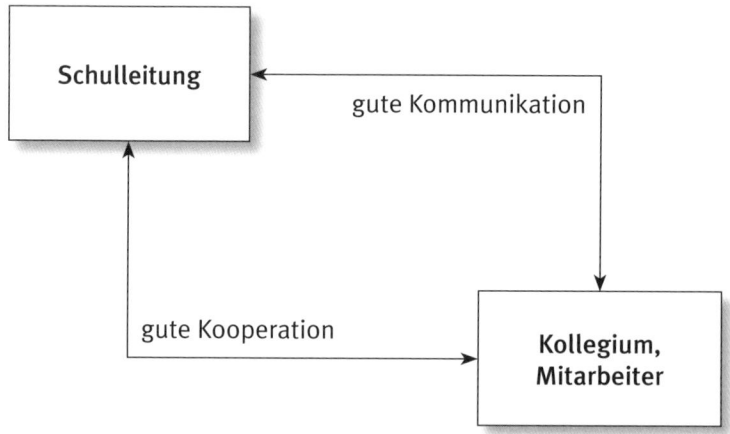

Befragungen in Seminaren mit Lehrern haben ergeben, dass der Informationsfluss zwischen der Schulleitung und dem Kollegium oft das vorrangige Problem in der Schulkommunikation ist.

2.1 Instrumente

Läuft Kommunikation planlos und ohne Konzept? Oder machen Sie sich konkret Gedanken zu der Frage, wie Sie welche Bezugsgruppe an Ihrer Schule erreichen können? Werden Informationen fast ausschließlich in „Zwischen Tür und Angel"-Gesprächen weitergegeben oder achten Sie darauf, dass allen Kollegen grundlegende Informationen zukommen? Informieren Sie gelegentlich ganz bewusst nur bestimmte Leute? Streuen Sie Gerüchte? Klären Sie Gerüchte, die Ihnen zu Ohren kommen bewusst nicht auf oder gerade doch? Verfahren Sie nach der Methode „Das dürfen Sie ruhig weitersagen, aber erzählen Sie nicht, dass Sie das von mir erfahren haben"?

Untersuchen und analysieren Sie Ihre eigene Kommunikation in der Schule:

Kommunikation mit	eingesetzte Instrumente	funktioniert ...			mögliche Veränderungen
		gut	mittelmäßig	schlecht	
Schulleitungsmitgliedern					
Fachbereichsleitern					
Kollegium					
Schulbüro					
Hausmeister					
Reinigungspersonal					

Welche Instrumente stehen Ihnen zur Kommunikation mit dem Kollegium zur Verfügung?

Das klassische Instrument der internen Kommunikation ist das Schwarze Brett. Es ist in jedem Lehrerzimmer zu finden und sein Zustand lässt oft genug sehr zu wünschen übrig. Das **Schwarze Brett** lässt sich nicht mehr effizient nutzen, wenn es wegen Unübersichtlichkeit, Unaktualität oder Überfüllung vom Kollegium ignoriert wird. Deswegen gelten für das Schwarze Brett die beiden Grundbedingungen:

1 Sind die am Schwarzen Brett ausgehängten Mitteilungen aktuell?
2 Haben die am Schwarzen Brett ausgehängten Mitteilungen für alle Empfänger eine Bedeutung?

Können eine oder beide Fragen mit nein beantwortet werden, hat ein entsprechender Aushang am Schwarzen Brett nichts zu suchen. Nur wenn beide Aspekte überprüft und mit ja beantwortet wurden, kommt eine Mitteilung ans Schwarze Brett. Gerade die zweite Frage ist besonders wichtig. Ein Zettel „Wer hat den Schlüssel zum Chemie-Labor?" gehört also nicht ans Schwarze Brett. Schließlich sind nicht alle Kollegen von der Frage betroffen, sondern nur diejenigen, die Chemie unterrichten. Hier wären andere Lösungen sinnvoller. (Nebenbei: Genauso häufig wie überflüssige Zettel am Schwarzen Brett findet man überflüssige Äußerungen oder Fragen unter dem Tagesordnungspunkt „Verschiedenes" in Konferenzen: „Kann ich am Montag mit Klasse 4a den Raum tauschen?" lässt sich vielleicht auch anders klären? Auch hier sind wahrscheinlich nur sehr wenig Personen und nicht das gesamte Schulkollegium betroffen. Weisen Sie zu Beginn des Punktes „Verschiedenes" darauf hin, dass hier nur Dinge von allgemeinem Interesse oder von allgemeiner Betroffenheit etwas zu suchen haben.)

Achten Sie auf Aktualität, indem Sie Aushänge nie länger als 14 Tage am Schwarzen Brett hängen lassen. Auch Terminhinweise sollten nicht länger als 14 Tage im Voraus hier hängen, sonst hat man sie, wenn der Termin naht, bereits wieder vergessen. Hinweise, die dauerhaft ausgehängt sein müssen, sollten Sie gebündelt in einem Randbereich aufhängen. Jeden Aushang können Sie mit einem Haltbarkeitsdatum versehen. Dann weiß man, wann ein Zettel entfernt werden kann.

Gliedern Sie das Schwarze Brett nach verschiedenen Rubriken und trennen Sie diese voneinander ab (z. B. mit farbigem Textilklebeband). Jeder Bereich sollte eine eindeutige Überschrift haben. Bei den Rubriken könnte es sich um diese handeln:
> Vertretungsplan
> Mitteilungen der Schulleitung
> Aus der Schülervertretung
> Berufsverbände
> Gleichstellungsbeauftragter
> Sicherheitsbeauftragter
> Arbeitsgemeinschaften
> Theater, Konzert, Ausstellungen

Stellen Sie sicher, dass nur Befugte etwas aushängen. Effizient handeln Sie, wenn Sie jemanden damit beauftragen, das Schwarze Brett zu gestalten und zu verantworten. Dann schreiben Sie nämlich nur noch das Haltbarkeitsdatum auf die Aushänge, der Rest wird für Sie erledigt. Ihr Stundenlohn ist zu hoch, als dass Sie Zettel an Bretter heften sollten.

Für alle Kollegen, die trotzdem etwas aushängen wollen, schaffen Sie das „Bunte Brett" als Ventil. Hier darf auch der Zettel hängen: „Fahre am Wochenende an die Ostsee. Wer kommt mit?"

Gestalten Sie Ihr Schwarzes Brett immer aktuell und interessant. Führen Sie z. B. eine Rubrik ein „Aktuelles und Anekdoten aus dem Schulleben". Befestigen Sie einen farbigen A3-Bogen am Schwarzen Brett, auf dem (wöchentlich rotierend) jeder Kollege einen interessanten, wichtigen oder witzigen Bericht (z. B. aus der eigenen Klasse, von einem besonderen Erlebnis, aus den Medien über die Schule, einen Lehrerwitz, eine Karikatur ...) anbringt. Alte Berichte werden abgenommen und mit Datum versehen in einem Ordner gesammelt. Wenn Sie als Schulleiter die Zeit dazu haben, können Sie auch einen monatlichen Bericht aus Ihrer Sicht verfassen, in dem die wichtigsten Dinge des vergangenen Monats, wichtige Ereignisse, aber auch kommende Termine mitgeteilt werden. Die Rubrik am Schwarzen Brett könnte dann lauten „Durch die Brille des Schulleiters betrachtet ..." – Falls Sie eine Brille tragen!

Der **Lehrerbrief** oder – neudeutsch – Newsletter informiert das Kollegium regelmäßig über aktuelle Gegebenheiten des Schulalltags. Er kann natürlich auch am Schwarzen Brett (s. o.) ausgehängt werden, sollte aber trotzdem in jedem Lehrerfach zu finden sein. In Wirtschaftsunternehmen spielt die Mitarbeiterinformation auf dem Wege einer Mitarbeiterzeitschrift eine wichtige Rolle. Im Schulleben wird sie meist vernachlässigt. Das ist auch verständlich. Schließlich ist ein Newsletter nur dann erfolgreich, wenn

> er Themen behandelt, die von allgemeinem Interesse sind,
> er Fragen anspricht, die Lehrer stellen würden,
> er aktuell ist und auf Termine und Veranstaltungen hinweist, die von besonderem Interesse oder von besonderer Wichtigkeit sind,
> er sprachlich so anspruchsvoll verfasst ist, dass das Lesen keine Mühe macht, sondern Texte gleichzeitig anspruchsvoll wie unterhaltsam sind,
> die Qualität und Quantität der Beiträge angemessen ist,
> Fotos und Grafiken in guter Qualität abgebildet sind und angemessen eingesetzt werden (das bedeutet z. B. keine Überfrachtung der Seiten mit Piktogrammen),
> ein effizientes Verhältnis zwischen dem Aufwand bei der Erstellung des Newsletters und der zu erreichenden Wirkung und Zielgruppe besteht.

Gerade der letzte Punkt ist sehr wichtig. Es wäre sicherlich unangemessen, für ein zwanzigköpfiges Kollegium monatlich einen zwölfseitigen Lehrerbrief herauszugeben. Der Newsletter muss wirklich so gestaltet werden, dass die Mehrheit des Kollegiums ihn nicht einfach nur ansieht, durchblättert und dann wieder weglegt. Dann hat er sein Ziel verfehlt. Wenn Sie allerdings darauf hinweisen, dass z. B. offizielle Einladungen zu Sitzungen und Konferenzen nur noch im Rahmen des Lehrerbriefes erscheinen, ist jeder geradezu dazu verpflichtet, ihn regelmäßig zu lesen.

Was halten Sie von dieser Form:

Das Format ist DIN A4 auf DIN A5 gefaltet, besteht aus zwei Blättern (also 8 DIN-A5-Seiten), in der Mitte befindet sich auf einer farbigen Einlage zum Herausnehmen auf DIN-A5-Papier gedruckt der Terminplan und das Wichtigste in Kürze. Diese Blatt kann sich dann jeder herausnehmen, auf seinen Schreibtisch legen oder zu Hause an den Kühlschrank hängen. Auf diesem könnten auch die Geburtstage des Kollegiums stehen.

Der Lehrerbrief kann auch als **E-Mail-Newsletter** an alle Kollegen verschickt werden, so denn alle Kollegen eine E-Mail-Adresse besitzen. Dazu richtet man sich einmal einen Verteiler ein, in den man dann auch gleich noch die Schülervertretung, die Elternvertretung, die Schulaufsicht und den Schulträger mit aufnehmen sollte. So sind alle informiert.

Die „Großform" des Lehrerbriefes ist die **Schulzeitung**. Empfänger sind hier nicht mehr nur die Lehrer, sondern auch alle Schüler bzw. deren Eltern. Sie ist als einfaches Instrument der Kommunikation sehr hilfreich. Hilferufe („Wir brauchen für die französischen Gastschüler noch drei Übernachtungsquartiere. Wer kann helfen?") erreichen hier mit wenig Aufwand ein breites Publikum und können effizienter behandelt werden, als wenn man erst einzelne Schüler ansprechen und durch Klassen laufen muss.

Und wer soll Lehrerbrief, E-Mail-Newsletter und Schulzeitung betreuen? Sie als Schulleiter werden kaum die Zeit dazu finden, diese wichtigen Instrumente der Kommunikation zu betreuen. Das müssen Sie auch nicht. In Unternehmen liegen diese Instrumente in den Händen der Abteilung „Unternehmenskommunikation" oder „Öffentlichkeitsarbeit". Diese ist meist der Geschäftsführung direkt unterstellt. Übertragen auf die Schule bedeutet das: Ein Schulleitungsmitglied oder eine Vertrauensperson der Schulleitung ist für diese Aufgabe verantwortlich. Sie als Schulleiter lassen eigenverantwortlich arbeiten und „segnen am Ende nur noch ab". Mehr dazu im Kapitel „Aufgaben und Projekte – Delegieren".

Ein beliebtes Mittel der internen Kommunikation ist die schriftliche Kurzmitteilung in Form eines Zettels in das Fach des betreffenden Lehrers. Es ist hilfreich, hier ein bestimmtes Farbensystem zu entwickeln und sich Vorlagen mit Hilfe von Kopien zu erstellen. Rote Zettel könnten vom Schulleiter kommen, gelbe Zettel den Stundenplan betreffen und grüne Zettel für sonstige Mitteilungen da sein.

Herr/Frau _____

Ich bitte um Rücksprache wegen

_____

_____

_____

_____

(Datum, Unterschrift)

Bsp. für eine schriftliche Kurzmitteilung

Das **Flipchart** (wörtlich: Abreißblock) bietet die Möglichkeit, Mitteilungen und Informationen so zu platzieren, dass jeder, der das Lehrerzimmer (resp. die Eingangshalle oder das Schulbüro) betritt, sie wahrnimmt. Am günstigsten ist ein Ort, auf den der Blick automatisch fällt, wenn das Lehrerzimmer betreten wird.

Von vornherein sollte genau geklärt sein, wer das Flipchart benutzen darf und welche Funktion es erfüllen soll.

> Steht das Flipchart im Lehrerzimmer, so könnten hier tagesaktuelle Meldungen der Schulleitung stehen (u. A. der Vertretungsplan) – so ist es „offiziell".

> Es könnte auch dazu dienen, dass organisatorische Absprachen unter Kollegen erleichtert werden (z. B. „Klasse 3b heute auf Wandertag", „Wo ist der Schlüssel zum Videoschrank" oder „Heute nach der 6. Stunde Umtrunk in der Teeküche") – so ist es „halboffiziell".

> Die dritte Möglichkeit besteht in der Nutzung als allgemeines Mitteilungsbrett für alle im Kollegium („Wer geht heute mit ins Kino?"), es sollte dann aber nicht ein für alle sofort wahrnehmbarer Platz dafür „vergeben" werden – so ist es informell.

Die Anschaffung eines Flipcharts ist heute – im Vergleich zum Nutzen – ein relativ geringer Kostenfaktor.

Natürlich ist das Funktionieren der Kommunikation als Basis der Kooperation immer davon abhängig, inwieweit beide Seiten mitspielen. Oft genug kommt es vor, dass sich Kollegen auch einfach nicht informieren wollen. „Mir hat keiner etwas gesagt" ist deren klassische Antwort auf die Frage, warum z. B. eine bestimmte Reaktion ausblieb. Dann wurde zwar von der einen Seite der Versuch einer Kommunikation unternommen, die andere Seite hat darauf jedoch nicht reagiert.

Instrumente der internen Kommunikation	Wer wird erreicht?	Wer ist zuständig?
Schwarzes Brett		
Lehrerbrief		
E-Mail-Newsletter		
Flipchart		

Wenn sich ein Kollegium gut informiert fühlt und wenn es die Möglichkeit hat, auf Veränderungen und Innovationen im Schulleben Einfluss zu nehmen, wird es sich kooperativ verhalten. Dieses kooperative Verhalten ist für eine effiziente Schulleitung von konstituierender Bedeutung. Es sei denn, Sie wollen von oben befehlen und Ihre Untergebenen haben Ihnen zu dienen – dann wird es bald nur noch den „Dienst nach Vorschrift" geben.

2.1 Motivation im Kollegium

Motivieren Sie Ihre Kollegen? Sicherlich tun Sie das, werden Sie sagen. Und natürlich gibt es in Ihrem Kollegium Menschen, die ein bisschen mehr gestreichelt werden wollen und andere, die sich ein Leben lang abmühen. Motivation ist wichtig, wenn Sie eine Schule effizient führen wollen und Wert darauf legen, dass das Kollegium an der Führung der Schule (z. B. durch die Übernahme von Aufgaben) beteiligt ist.

> Das Kollegium soll seine Aufgaben wahrnehmen und mehr nicht! Es wird ja schließlich dafür bezahlt. Außerdem stellen die sich immer so an. Wenn die wüssten, wie viel ich täglich arbeite ...

Da hat der liebe Schulleiter natürlich recht, trotzdem wird eine Aufgabe besser, schneller und damit effektiver erledigt, wenn derjenige, der daran arbeitet, weiß, dass am Ende das Ergebnis auch gewürdigt wird. Die persönliche Wertschätzung ist manchmal wichtiger als eine Gehaltszulage.

Welche Möglichkeiten der Motivation gibt es?

> › Wird eine Aufgabe gut erledigt, sollte der persönliche Dank unmittelbar folgen, nicht erst nach ein paar Tagen oder auf der nächsten Konferenz. Dieser Dank kann mündlich oder schriftlich übermittelt werden. Gibt es ein Mitteilungsbuch oder ein Schwarzes Brett, dann kann der persönliche Dank auch öffentlich übermittelt werden.

> Vielen herzlichen Dank allen Musikkollegen für das schöne und beeindruckende Schulkonzert gestern Abend. Auch die Verpflegung in der Pause durch die Klasse 5c hat prima geklappt.
>
> *Ihr Schulleiter*

> › Wenn Ihre Kollegen mit einem Problem oder Anliegen zu Ihnen kommen, sollten Sie sich Zeit für sie nehmen. Notfalls, bei Zeitmangel, bleibt Ihnen diese Möglichkeit: „Lieber Kollege, ich möchte mich Ihrem Anliegen gerne widmen, es ist mir wichtig. Im Moment habe ich aber eine andere wichtige Aufgabe und würde mit Ihnen gerne morgen um 14.00 Uhr darüber sprechen."

❭ Versuchen Sie, ein persönliches Verhältnis zu Ihrem Kollegium aufzubauen. Die Wertschätzung alleine reicht da nicht. Zeigen Sie einem Kollegen seine Stärken und Schwächen auf. Bieten Sie Hilfen an, zeigen Sie Fortbildungsmöglichkeiten auf. Erfahren Sie von Stellenausschreibungen, die für Ihre Kollegen von Interesse sein könnten, dann machen Sie diese darauf aufmerksam. Natürlich wollen Sie Ihre guten Kollegen nicht verlieren, aber ist es nicht auch eine Auszeichnung für eine Schule, wenn aus ihr heraus viele Stellen auf höheren Ebenen besetzt werden können?

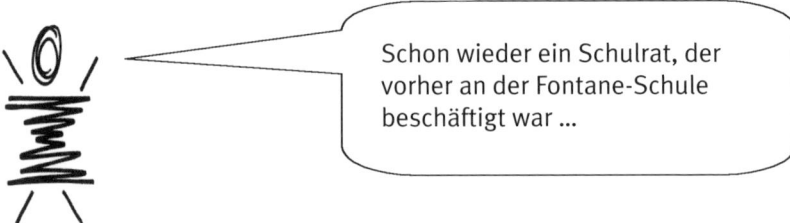

Schon wieder ein Schulrat, der vorher an der Fontane-Schule beschäftigt war …

❭ Wenn Sie eine Rückmeldung geben, dann geben Sie diese ehrlich. Neben dem Lob kann auch der Hinweis auf Dinge stehen, die beim nächsten Mal eventuell noch besser gemacht werden können.
❭ Gehen Sie offen mit Ihrem Kollegium um und versuchen Sie, Vertrauen aufzubauen. Ein herzlicher Umgangston und gelegentlich ein Lächeln schaffen eine bessere Arbeitsatmosphäre und lassen Spielraum für innovative Ideen.
❭ Geben Sie Informationen über Ihre Schule an das Kollegium weiter. Wenn es zu einem Schülerrückgang oder auch zu einem Schülerzuwachs kommt, kann das ein Gesprächsthema sein. Ebenso sollte die Personalpolitik unter Einhaltung des Datenschutzes offen besprochen werden können. Sie verstehen, wie ich das meine: Es geht nicht darum, in der Lehrerkonferenz zu beschließen, welcher Kollege aus Kapazitätsgründen umgesetzt werden muss. Vielmehr sollte ein Problembewusstsein im Kollegium dafür geschaffen werden, dass eine Veränderung stattfinden wird.
❭ Entscheidungen, von denen das Kollegium direkt betroffen ist, sollten auch mit dem Kollegium gemeinsam besprochen werden. Nicht immer kann das Kollegium in einen Entscheidungsprozess mit einbezogen werden, es kann aber zumindest angehört werden. Hierzu gibt es ja auch klare schulgesetzliche Regelungen.

> Zeigen Sie Ihrem Kollegium immer wieder auf, wo es Einfluss auf die Gestaltung des Schullebens nehmen kann. Wirken Sie damit der Nehmer-Mentalität entgegen und machen Sie klar, wo Engagement gefragt und wichtig ist.

> Läuft es in Ihrer Schule gut, dann können Sie das mit Ihrem Kollegium auch mal feiern. Läuft es schlecht, dann müssen Sie sogar gemeinsam feiern, denn auch das Schaffen eines Gemeinschaftsgefühls im Kollegium kann die Arbeit an der Schule positiv voranbringen. Schaffen Sie Gelegenheiten zum persönlichen Austausch: z. B. im Lehrerchor, in einem Literatur-Zirkel oder bei der zweiwöchentlichen Handball-Runde. Lassen Sie das gemeinsame Feiern auf keinen Fall zu kurz kommen.

3 Schulleiter-Zeit

Analysieren Sie in einer ruhigen Minute einmal die Zeit, die Ihnen für Ihre Tätigkeit als Schulleiter zur Verfügung steht. Sie sind als Schulleiter in der klassischen Sandwich-Position. An Sie werden Anforderungen von oben und außen, also von der Schulaufsicht, dem Schulträger und weiteren externen Gruppen, sowie von unten, also von Kollegen, Schülern, Eltern und dem weiteren Schulpersonal herangetragen. Darüber hinaus müssen Sie Ihren eigenen Unterricht (je nach Bundesland mit sehr unterschiedlichen Unterrichtsverpflichtungen) vorbereiten, halten und nachbereiten. Diese Zeit, die mit zahlreichen Aufgaben verbunden ist, lässt sich in fünf verschiedene Bereiche unterteilen:

1 Außenbestimmte Zeit
2 Schulbestimmte Zeit
3 Unterrichtsbestimmte Zeit
4 Selbstbestimmte Zeit
5 Frei verfügbare Zeit

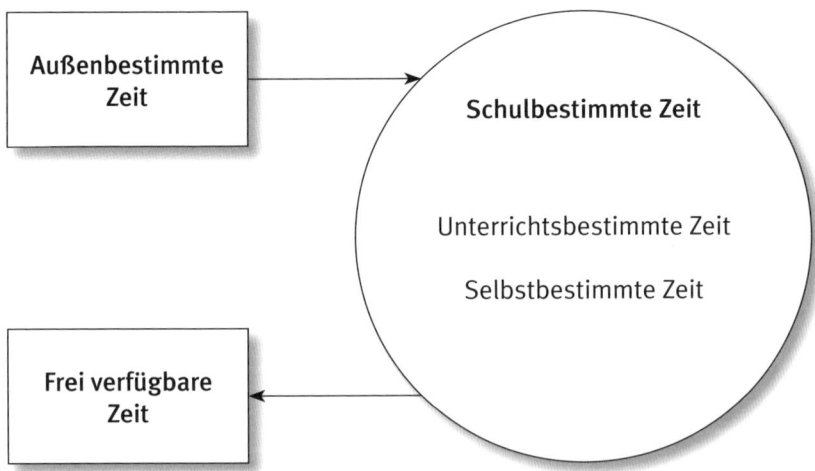

3.1 Außenbestimmte Zeit

Wäre das nicht schön? Stellen Sie sich vor, es gäbe Ihre Schulaufsicht und Ihren Schulträger nicht. Ärgern Sie sich nicht oft darüber, dass Sie viel Zeit mit Dingen verbringen, die Sie nicht erledigen müssten, wenn Sie keine Dienstaufsicht hätten? Ärgern Sie sich darüber, weil Ihnen viele der Dinge, die Sie „für die da oben" erledigen, reichlich sinnlos vorkommen? Ich kann Sie beruhigen. So geht es jedem, der einen Chef über sich hat. Auch dem Dachdecker, dem Schuhverkäufer, dem Professor und dem Kanzleramtsminister. Und natürlich auch dem einfachen Lehrer, der sich über die Allüren und Vorhaben seines Schulleiters manchmal wundert. Wenn Sie einen Vorgesetzten über sich nicht ertragen können, bleiben Ihnen verschiedene Möglichkeiten. Sie könnten sich selbstständig machen (dann thront nur noch das Finanzamt und die Bank über Ihnen), Sie könnten im Lotto gewinnen oder einfach in den Ruhestand gehen (notfalls in den vorzeitigen).

Wenn diese Vorschläge keine Alternative für Sie sind, müssen Sie sich damit abfinden, dass jemand über Ihnen steht.

Und Sie werden aus eigener Erfahrung wissen:

Je weiter nach oben man in einer Hierarchie klettert,
desto größer ist die Fremdsteuerung.

(Jens Strelow)

Deswegen sollten Sie sich genau überlegen, wie Sie mit Ihren Vorgesetzten umgehen wollen. Und das aus einem einfachen Grund. Es ist für Sie viel zeitsparender und effizienter, wenn Sie ein gutes, funktionierendes Verhältnis haben. Das bedeutet nicht, dass Sie zu allem, was von „oben" kommt, ja und Amen sagen müssen. Der Fachterminus für das beschriebene Verhältnis ist die „loyale Opposition". Versuchen Sie nicht, permanent Opposition zu sein. Versuchen Sie viel eher, z. B. die Schulaufsicht davon zu überzeugen, dass Sie selber den richtigen Weg gehen. Lässt sich die Schulaufsicht nicht überzeugen, dann müssen Sie sich gezwungenermaßen nach ihr richten, also loyal sein. Und denken Sie daran: Wenn Sie mit Ihren Dienstvorgesetzten permanent einer Meinung sind, dann scheint einer von Ihnen beiden überflüssig zu sein.

Sie können gegenüber Ihren Außenbeziehungen auch sehr effektiv arbeiten, wenn Sie die Kommunikation mit diesen pflegen. Das klingt natürlich erst einmal nach viel mehr Arbeit. Sie müssen sich einen Verteiler, oder besser noch verschiedene Verteiler aufbauen und sich immer wieder überlegen, wer welche Information bekommen soll. Ist das erst einmal erledigt, wird es Ihnen leicht fallen, die richtigen Informationen an die richtige Person zu bekommen. Bedenken Sie einmal die andere Seite: Sie informieren Ihren Schulrat nicht permanent und kontinuierlich über Vorhaben und Planungen. Über kurz oder lang wird es einmal dazu kommen, dass sich Ihr Vorgesetzter übergangen fühlt und fortan ständig Berichte und Auskünfte über Ihr Vorgehen fordert. Und dann haben Sie noch viel mehr Arbeit, als wenn Sie vorher schon gelegentlich informiert hätten. Sie werden einwenden, dass es manchmal besser sein kann, eine Sache einfach zu machen, als sich nach allen Seiten erst abzusichern. Nach dem Motto „Wer viel fragt, ...". Damit haben Sie natürlich Recht. Sie sollen ja auch nicht verbotene Dinge verheimlichen. Sie sollen lediglich darauf achten, dass Sie Ihre Dienstaufsicht, Ihren Schulträger und sonstige Personen und Gruppen kontinuierlich auf dem Laufenden halten.

Verschaffen Sie sich einen Überblick darüber, welche Aufgaben regelmäßig von außen an Sie herangetragen werden, um die Sie nicht herumkommen. Versuchen Sie, diese Aufgaben genauer zu terminieren und überlegen Sie, wer Ihnen zu diesen Aufgaben Zuarbeiten leisten bzw. wer diese Aufgaben ggf. ganz übernehmen kann. Führen Sie eine Liste nach unten stehendem Beispiel über ein Schuljahr chronologisch und tragen Sie ganz konsequent alle periodisch wiederkehrenden Aufgaben hier ein. Damit strukturieren Sie Ihre Arbeit und können im nächsten Durchgang diese schon viel effektiver planen. Sie haben dann sogar schon die entsprechenden Ansprechpartner parat. Listen Sie hier auch auf, an welchen Veranstaltungen von Schulaufsicht und Schulträger Sie teilnehmen müssen (Dienstberatungen, Schulleitersitzungen, Schulausschuss auf Gemeindeebene etc.).

Aufgaben von der Schulaufsicht				
Aufgabe	Termin, Zeitraum	Benötigte Materialien	Zuarbeiten bzw. erledigen durch (Name)	Erledigt ✓

Schulmanagement-Handbuch 117

Aufgaben vom Schulträger				
Aufgabe	Termin, Zeitraum	Benötigte Materialien	Zuarbeiten bzw. erledigen durch (Name)	Erledigt ✓

Unabhängig von Schulträger und Schulaufsicht werden an Sie Aufgaben von außen herangetragen und betreffen Ihre „außenbestimmte Zeit". Sie müssen z. B. an andere Schulen oder Kindertagesstätten, um Informationsveranstaltungen über Ihre Schule durchzuführen. Sie müssen an Sitzungen verschiedener Gremien, wie z. B. des Fördervereins teilnehmen. Auch über diese nicht änderbaren Termine und Anforderungen führen Sie eine Liste. Überlegen Sie bei jedem Termin, ob Sie diesen wahrnehmen müssen oder ob jemand da ist, der diese Aufgabe eventuell besser wahrnehmen kann (siehe Kapitel „Aufgaben und Projekte – Delegieren").

weitere außenbestimmte Aufgabe	Termin, Zeitraum	Benötigte Materialien	Zuarbeiten bzw. erledigen durch (Name)	Erledigt ✓

3.2 Schulbestimmte Zeit

In der Schule sind Sie mit unterschiedlichen Aufgaben betraut. Zum einen sind das Aufgaben, die absehbar und somit planbar sind. Dazu gehören Sitzungen, Gespräche, die vorher vereinbart wurden, regelmäßige Zusammenkünfte (z. B. die wöchentliche Runde der Schulleitung am Montag oder Freitag). Zum anderen sind das aber vor allem Aufgaben, die unerwartet und damit auch unplanbar auf Sie zukommen. Diese Aufgaben brauchen eine sofortige Lösung oder deren „Überbringer" erwarten zudem noch, dass sie am besten sofort mit der ihnen am besten gelegenen Antwort wieder gehen können. Unter die zweite Rubrik fallen natürlich auch alle Anrufe. Hier ist es fast noch etwas extremer mit dem Erwarten einer Lösung.

Zu den schulbestimmten Aufgaben, die kaum zu verändern sind, gehören formale Aufgaben wie das Ausfüllen von Formularen usw. Leider neigen Formulare im Bildungsbereich dazu, oft unsinnig, überflüssig, schwer verständlich oder einfach nicht hilfreich zu sein. Aus dem eigenen Eindruck zu einem Formular kann man aber oft genug nicht über den Nutzen für einen anderen schließen.

Ich selber arbeite viel mit Formularen, Checklisten und Tabellen, da mir diese meinen Schulalltag erheblich erleichtern und gewährleisten, dass wichtige Dinge nicht verloren gehen bzw. unbedacht bleiben. Das Anlegen eines bestimmten Formulars oder einer Checkliste für einen schulischen Ablauf ist mühsam, weil es erfordert, dass ein Ablauf oder ein Projekt im Voraus vollständig durchdacht werden muss. Dabei muss berücksichtigt werden, dass sich natürlich auch noch im Laufe des Projekts Veränderungen ergeben können.

Ich lege mir dieses Formular aus drei einfachen Gründen an:
> Es hilft mir, strukturiert zu arbeiten und Termine nicht zu übersehen. Es gibt, wie in der Einleitung erwähnt, aber Menschen, die ohne jegliche strukturierende Maßnahmen eine Schule perfekt leiten können. Die brauchen diesen Formularkram nicht und sind oft davon genervt.
> Die Übersicht zu einem Projekt bleibt bestehen.
> Handelt es sich um eine periodisch wiederkehrende Aufgabe, brauche ich beim nächsten Mal nur noch meinen Ordner zur Hand zu nehmen und habe sofort einen Überblick über die Aufgaben, Fristen und Anforderungen, die auf mich zukommen.

Nachdem ein Projekt oder eine Aufgabe beendet ist, muss ich sehr konsequent vorgehen und die entsprechende Checkliste oder das Formular an den Stellen anpassen, wo es nicht hilfreich war oder ergänzt werden muss.

Gerade wenn es darum geht, Schulveranstaltungen zu organisieren, muss an viele unterschiedliche Dinge gedacht werden. Da hilft es, die Übersicht zu behalten.

Anforderungen, die in der Schule (z. B. aus schulrechtlichen Gründen) an Sie herangetragen werden, müssen Sie erfüllen, wenn Sie sich das Leben nicht zu schwer machen wollen. Dabei ist immer im Blick zu behalten: Eine Aufgabe, vor allem eine unangenehme, die erledigt werden muss, erledigt sich in der Regel nicht alleine dadurch, dass sie liegengelassen wird. Sie wird dadurch meist auch nicht leichter oder geringer. Man schiebt sie nur vor sich her und sie belastet einen dann persönlich länger. Sie verbraucht Ressourcen in unserem Gehirn, weil wir ständig im Kopf haben, dass wir diese bestimmte, belastende Aufgabe unbedingt noch erledigen müssen. Und man bekommt auch von außen mehr Druck, je länger andere darauf warten müssen, dass die Aufgabe getan wird.

Gerade in der durch die Schule bestimmten Zeit wird deutlich: Sie können nicht ohne Ihre Kollegen leben und arbeiten. Sie sind auf das Lehrerkollegium und die weiteren Mitarbeiter mehr angewiesen als diese auf Sie. Fragen Sie mal in Ihrem Sekretariat nach, wann die Arbeit dort leichter ist: wenn Sie da sind, oder wenn Sie gerade auf einer Fortbildung oder im Schulamt sind ... Ihr Sekretariat kann hin und wieder einmal gut auf Sie verzichten. Aber ist es umgekehrt genauso? Deswegen rächt es sich schnell, wenn durch die Schule bestimmte Aufgaben vernachlässigt oder vor sich hergeschoben werden. Was getan werden muss, muss getan werden. Denkt man, durch das Vernachlässigen einer Aufgabe würde man Zeit sparen, so irrt man. Meist bekommt man dadurch einen noch höheren Zeitaufwand aufgebrummt. Ob Sie allerdings alles tun müssen, das ist die Frage. Lesen Sie im Kapitel „Aufgaben und Projekte – Delegieren" nach.

Benennen Sie regelmäßig wiederkehrende Aufgaben (z. B. Prüfungen zum 2. Staatsexamen, Schreiben der Weihnachtskarte an ehemalige Kollegen), die in der Schule für Sie anfallen oder die Sie sich in der Schule selber gesucht haben:

Schulbestimmte Zeit				
Aufgabe	Benötigte Hilfsmittel, Materialien	Personen, die Zuarbeiten leisten können	Muss diese Aufgabe unbedingt durch mich wahrgenommen werden?	
			ja	nein

3.3 Unterrichtsbestimmte Zeit

Eine Klasse führen und eine Schule führen,
sind zwei Paar Schuhe.
Einmal braucht man Bergsteiger-Schuhe,
und einmal Badesandalen.
Die Auswahl der richtigen Schuhe ist eine große Kunst.

(Jens Strelow)

Neben Ihrer Zeit für Aufgaben der Schulleitung benötigen Sie Zeit für Ihre Unterrichtsverpflichtung, die, je nach Bundesland und Schulart, unterschiedlich hoch ausfallen kann. Schüler, Eltern, Kollegen und auch Vorgesetzte erwarten von Ihnen, dass Sie guten, methodenreichen, interessanten Unterricht machen. Warum sollten Sie sonst Schulleiter geworden sein? Auch wenn es heute längst Konsens ist, dass ein Schulleiter eigentlich ganz andere Qualifikationen braucht als guten Unterricht durchzuführen.

Die Erwartung eines guten Unterrichts müssen Sie erfüllen, sonst fragt sich der eine oder andere ganz schnell, wie „der eigentlich Schulleiter geworden ist". Es liegt in der Natur des Schulleiter-Berufs, dass für die Vor- und Nachbereitung des Unterrichts wenig Zeit bleibt.

Deshalb muss die Unterrichtsvorbereitung besonders gründlich organisiert sein – denn damit sparen Sie Zeit, die Ihnen dann für wichtige Aufgaben in Ihrer Rolle als Schulleiter zur Verfügung steht.

Woche vom _____ _____ bis _____

	Stunde	Fach, Klasse	Thema	Material, Sonstiges
Montag				
Dienstag				
Mittwoch				
Donnerstag				
Freitag				

Fangen Sie mit Ihrer Unterrichtsplanung noch einmal ganz vorne an. Ein Referendar unterrichtet in etwa die gleiche Anzahl Stunden wie Sie und hat daneben zahlreiche andere Verpflichtungen. Dem Referendar wird empfohlen, sich eine Wochenübersicht darüber anzulegen, was er in den einzelnen Unterrichtsstunden vorhat. Das sollten Sie auch machen. Es hilft, sich einmal in der Woche, zu einem bestimmten Zeitpunkt, über den Unterricht Gedanken zu machen und nicht permanent diese Aufgabe im Kopf zu haben. Schaffen Sie dort Platz für andere wichtige Dinge. Sie können sich dazu einen Schulplaner zulegen[1] oder mit einem einfachen Formular, das Sie sich selber anlegen und kopieren, arbeiten (siehe S. 27).

Weitere Formulare zur Unterrichtsvor- u. -nachbereitung finden Sie in:
> Organisationshilfen für den Schulalltag (Checklisten, Tabellen und Briefvorlagen auf Papier und CD), Holger Mittelstädt, Verlag an der Ruhr, ISBN 3-86072-915-2, Mülheim 2004
> Basics für Junglehrer (Der optimale Einstieg in den Arbeitsplatz Schule), Holger Mittelstädt, Verlag an der Ruhr, ISBN 3-8346-0063-6, Mülheim 2006

3.4 Selbstbestimmte Zeit

Hier liegt nun Ihre große Chance. In Ihrer selbstbestimmten Zeit tun Sie Dinge in der Schule, die Sie ausschließlich deshalb angehen, weil Sie sich selber dazu entschlossen haben. Niemand hat Sie dazu aufgefordert. Niemand wird Sie dafür zur Rechenschaft ziehen, solange Sie in dieser Zeit Dinge vorantreiben, die niemand anderen tangieren. Diese Zeit schafft Ihnen die Möglichkeit, der Schule Ihren individuellen Stempel aufzudrücken, ihr ein individuelles Gesicht zu geben, sie prägend zu beeinflussen. Auf die Aufgaben in der außenbestimmten Zeit haben Sie keinen oder nur wenig Einfluss. Diese Aufgaben müssen erledigt werden – und das mit großer Ernsthaftigkeit. Auch

---

[1] Einen sehr umfangreichen Lehrerkalender, den „Le-Le Schuljahresplaner", stellt die Lehr- und Lernmittel GmbH (88709 Meersburg/Bodensee, Tel. 0 7532-70 07) her. Diesen Planer gibt es in 16 Länderausgaben für jedes Bundesland (mit bereits vorgetragenen Ferienzeiten und Feiertagen) sowie in einer „neutralen" Version für alle Bundesländer. Dieser Kalender beinhaltet eine Zensurenverwaltung sowie eine sehr komfortable Einheit zur Planung des Unterrichts (jeweils mit einer Woche auf zwei DIN-A4-Seiten) und weiteren Formularen (z. B. für Konferenznotizen).

die schulbestimmten Aufgaben unterliegen diesem Zwang, nur dass Sie hier etwas mehr Möglichkeiten in der Steuerung haben. Die unterrichtsbestimmte Zeit bietet Ihnen zumindest die Chance, effektiv organisiert zu arbeiten. Aber bei der selbstbestimmten Zeit haben Sie wirklich alle Freiheiten.

Fernab vom Alltagsgeschäft sollten Sie sich im Klaren darüber sein, was Sie ganz persönlich an Ihrer Schule für Ziele haben und wie Sie diese erreichen möchten. Über diese Ziele müssen Sie niemandem Rechenschaft ablegen, Sie müssen kein Protokoll führen und niemanden involvieren (zumindest nicht solange, wie Sie für sich allein an Planungen arbeiten). Stellen Sie also Ihren – entsprechend dem heimlichen Lehrplan – so genannten „heimlichen Schulplan" auf.

Nicht misstrauisch werden! Ich meine keine Geheimniskrämerei. Vielmehr geht es darum, dass Sie sich einmal zurückziehen sollten, mit sich selbst einen Termin vereinbaren, diesen im Kalender bitte schön auch eintragen und dann Ihren Gedanken einmal freien Lauf lassen zu der Frage, wo Sie mit Ihrer Schule eigentlich hin möchten.

Beantworten Sie einige Fragen zur Perspektive von Schule im Allgemeinen und im Speziellen auf Ihre Schule und Ihre persönliche Situation bezogen:

Frage	Vision, Entwicklung, Perspektive	Zeitraum
In welchem Bereich muss sich Schule im Allgemeinen in den nächsten Jahren am Dringendsten verändern?		
Welche absehbaren Veränderungen kommen auf Ihre Schule in den nächsten Jahren zu?		
Was müsste eigentlich ganz dringend verbessert werden, wird aber wahrscheinlich immer so bleiben?		
Welche Befürchtungen haben Sie in Bezug auf Ihre Schule?		
Welche Hoffnungen haben Sie?		
Worauf freuen Sie sich ganz besonders?		
Persönlich: Wie sehen Sie sich selber in Bezug auf Ihre Schule? Was wollen Sie verändern?		
Was wollen Sie in Bezug auf Ihre berufliche Entwicklung erreichen?		

3.5 Frei verfügbare Zeit

Mit der frei verfügbaren Zeit ist es ganz einfach: Das ist die Zeit, die Sie plötzlich zur Verfügung haben, wenn Sie es schaffen, berufliche und persönliche Aufgaben so effizient zu erledigen und zu delegieren, dass da auf einmal Zeit ist, die ohne schlechtes Gewissen einfach frei verfügbar ist. Nun werden Sie denken, dass dann natürlich diese Zeit sofort wieder gefüllt werden könnte, z. B. mit der Planung und Durchführung von eigenen, auf die Schule bezogenen Projekten und Ideen. Dem ist aber nicht so. Das erledigen Sie ja bereits in Ihrer selbstbestimmten Zeit.

Die frei verfügbare Zeit ist tatsächlich die Zeit, die Sie haben, wenn alles andere getan ist. Sie werden denken, dass immer etwa zu tun ist? Sind Sie ein Workaholic? Zugegeben, die Aufgaben in Schule und Unterricht sind vielfältig, unübersichtlich und oft schwer zu koordinieren. Und an vielen Tagen gehen Sie vielleicht mit dem Gedanken nach Hause, dass eigentlich noch längst nicht alles getan ist. Aber es gibt doch bestimmt auch Zeiten, in denen in der Schule alles etwas ruhiger ist und in geordneten Bahnen läuft. Sie müssen versuchen, diese Zeiträume durch effiziente Führung der Schule zu verlängern, zu verbreitern.

Auch hier gilt, wie bei der selbstbestimmten Zeit: Vereinbaren Sie mit sich selbst Termine, bei denen Sie nichts tun, was mit der Schule, mit Ihrer Aufgabe als Schulleiter zu tun hat. In dieser Zeit tanken Sie auf. Sie brauchen diese Zeit, um in der anderen, nicht frei verfügbaren Zeit mit ganzer Kraft Ihre Fähigkeiten und Ihr Können für Ihren Beruf einzusetzen.

Nutzen Sie diese Zeit für:
> Ihren Partner,
> Ihre Familie, Ihre Kinder,
> Ihre Freunde,
> sportliche Aktivitäten,
> Ihr geistiges Wohlbefinden,
> Ihr körperliches Wohlbefinden,
> das Lesen eines Buches, das nicht pädagogische Fachliteratur ist.

Das sollten Sie in dieser Zeit nicht machen:
> Aufgaben und Termine planen,
> Gespräche führen, die sich ausschließlich um berufliche Probleme oder Probleme an Ihrer Schule drehen,
> zu viele Gedanken an die eigene Schule verschwenden (was leichter geschrieben als getan ist).

Wie kommen Sie nun zu Ihrer frei verfügbaren Zeit? Im folgenden Kapitel möchte ich Ihnen einige Anregungen dazu geben.

4 Aufgaben und Projekte – Delegieren

Was können Sie? Nennen Sie zehn Dinge, die Sie besonders gut können. Diese müssen nicht nur die Schule betreffen. Denken Sie auch an Ihr Privatleben und Ihre Hobbys. Schreiben Sie hier aber wirklich nur die zehn Dinge auf, die Sie besonders gut können, wahrscheinlich besser als viele oder alle Kollegen an Ihrer Schule. Wenn Sie über Ihre Begabungen nicht ausreichend genug Bescheid wissen, dann fragen Sie Ihre Mitarbeiter, Sekretärin, Freunde, Ihre Kinder und Ihren Partner. Nehmen Sie diese Aufgabe sehr ernst und fangen Sie jetzt damit an. Nehmen Sie den Stift zur Hand und schreiben Sie hier und jetzt los. Mindestens eine Sache, die wichtigste, sollte Ihnen sofort einfallen. Los geht's:

	Hier liegen meine besonderen Begabungen:
1	
2	
3	
4	
5	
6	
7	
8	
9	
10	

Wenn Sie diese Liste mit einigen Dingen gefüllt haben, dürfen Sie hier weiterlesen. Für alle anderen Aufgaben, die Sie in Ihrer Position als Schulleiter erfüllen müssen, für die Sie aber nicht die richtige Begabung haben, müssen Sie sich andere Personen suchen – oder sich entsprechend fortbilden lassen. Ein Beispiel: Sie wollen einen Brief an mehrere Empfänger versenden und ihn nur einmal schreiben. Sie wissen, dass Ihr Textverarbeitungsprogramm eine Serienbrieffunktion hat. Mit dieser stehen Sie aber auf Kriegsfuß. Was machen Sie? Sie kaufen sich ein Handbuch, studieren dieses und versuchen in abendelanger Kleinarbeit das Problem zu bewältigen. Das muss doch schließlich zu schaffen sein. Wer schon einmal einen Serienbrief geschrieben hat, weiß, wovon ich hier spreche.

Sie können aber auch Ihre Sekretärin bitten, das für Sie zu erledigen. Denn die kann das, es ist ja schließlich eigentlich ihre Aufgabe. Und kann sie es nicht, dann wird sie sich jemanden suchen, der es ihr erklärt. Dann kann sie es beim nächsten Mal.

In diesem Kapitel möchte ich Ihnen ein Problem aufzeigen, dass viele Personen in Leitungsfunktionen betrifft und das vorrangig dafür verantwortlich ist, dass häufig über die hohe Arbeitsbelastung geklagt wird.

Es kann jedoch nicht darum gehen, innerhalb von 40 oder 50 Seiten einen kompletten Kurs „Einführung in das Projektmanagement" zu geben.

4.1 Projekte

Grundsätzlich formuliere ich in diesem Kapitel jede komplexe Tätigkeit, die Sie zu verantworten haben, als ein Projekt. Der Begriff „Projekt" wird zwar ziemlich inflationär verwendet, er hilft uns hier jedoch, einen einheitlichen Terminus für zahlreiche Dinge zu verwenden, die im Schulbetrieb anfallen.

Was könnte im schulischen Kontext unter den Begriff „Projekt" alles fallen?

Da wäre z. B.:

> die Planung der Unterrichtsverteilung für das neue Schuljahr,
> die Planung und Durchführung der nächsten Lehrerkonferenz,
> das große Schuljubiläum,
> das schon erwähnte Schreiben der Weihnachtskarten,
> die Koordination der Fortbildungsbesuche des Kollegiums,
> die Renovierung der Eingangshalle,
> die Blumenpflege im Treppenhaus,
> die PowerPoint-Präsentation für den Tag der offenen Tür (der selber auch ein Projekt ist).

Grundsätzlich gilt für ein Projekt eigentlich: Es hat eine einmalige Aufgabenstellung. Wenn Sie die Beispiele jedoch betrachten, werden Sie feststellen, dass die dort benannten Projekte diesem Kriterium teilweise nicht entsprechen, weil es sich um periodisch wiederkehrende Aktionen handelt. Trotzdem werden sie hier als Projekte bezeichnet, da sie immer wieder unter neuen Bedingungen stattfinden und jedes Mal neu geplant werden müssen.

4.2 Aufgaben

Jedes einzelne Projekt besteht aus einer Vielzahl von Aufgaben. Jede einzelne Aufgabe ist wichtig, unerlässlich und für die erfolgreiche Durchführung des Projekts zwingend notwendig.

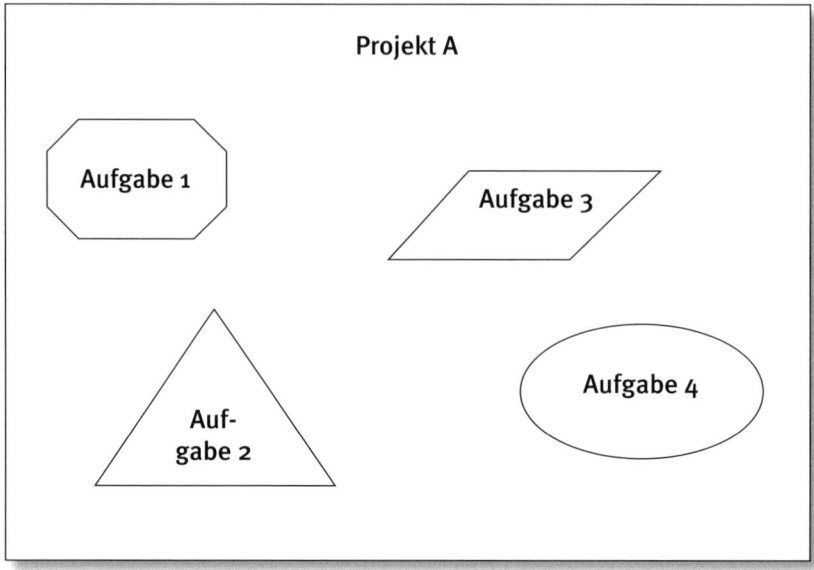

Nehmen wir als Beispiel die PowerPoint-Präsentation am Tag der offenen Tür. Diese soll Ihren eigenen Vortrag für interessierte neue Eltern visuell unterstützen und gleichzeitig den Besuchern einen ersten Eindruck von der Schule vermitteln. Welche Aufgaben fallen also in diesem Zusammenhang an?

> Formulierung des Vortrags und deutliche Gliederung (für die spätere Umsetzung in PowerPoint nötig)
> Reduzierung des Vortrags auf wesentliche Punkte, die dann in der Präsentation zu sehen sind
> Grundsätzliche Gestaltung der Präsentation nach den Gestaltungs-vorgaben des Corporate Designs der Schule
> Schreiben, Gestalten (z.B. Übergänge, Farben usw.) der Präsentation
> Auswahl und Einfügen von Bildern und Illustrationen zur Veranschaulichung

> Durchsicht der gesamten Präsentation
> Übung im Vortragsraum
> Lichtverhältnisse und Lesbarkeit überprüfen
> für die Vorführung:
>> Organisation von Beamer, Laptop, Leinwand, Verlängerungsschnur, sonstige Kabel
>> Aufbau der Geräte
>> Steuerung der Präsentation während des Vortrags
>> Abbau

Was sich also so harmlos anhört, birgt doch eine Vielzahl von Aufgaben. Und diese erledigen Sie alle? Sie sind ja schließlich für die Vertretung der Schule nach außen verantwortlich, oder? In der Wissenschaft der Projektplanung werden diese Aufgaben auch als „Arbeitspakete" (AP) bezeichnet.

Beschleicht Sie manchmal der Eindruck, dass Sie alles erledigen und vor Arbeit nicht mehr wissen, wo Ihnen der Kopf steht, Ihre Kollegen hingegen immer gut gelaunt und fröhlich nach der 5. oder 6. Unterrichtsstunde die Schule verlassen? Natürlich regen sich in Ihnen zwei miteinander konkurrierende Gedanken:

1 Die Kollegen fahren jetzt nach Hause und müssen zu Hause noch den ganzen Nachmittag korrigieren und bis spät in die Nacht Unterricht vorbereiten ...
2 Betrifft das alle oder nur die engagierten und aktiven Kollegen? Gibt es nicht vielleicht doch einige, auf die der Spruch des Altbundeskanzlers Gerhard Schröder zutrifft: „Lehrer sind faule Säcke."?

Überlegen Sie sich genau und stellen Sie dazu am besten eine große Liste, z.B. auf einem Flipchart oder einer Moderationswand, auf, die Ihnen im Überblick zeigt, wer in der Schule was neben der normalen Unterrichtsverpflichtung an Aufgaben übernommen hat. Am besten legen Sie diese Liste gemeinsam mit der ganzen Schulleitung an. So können Sie sicherstellen, dass Sie nichts übersehen haben.

Name	Fach 1 (Stunden)	Fach 2 (Stunden)	AGs	Besuchte Fort- bildungen, Qualifikationen	Aufgaben im Schulbetrieb			

4.3 Eine Aufgabe – Zwei Zuständige

Grundsätzlich geht es darum, zu klären, wer für welche Aufgabe zuständig ist. Wenn Sie also meinen, dass Sie nie genug Zeit haben, einige Ihrer Kollegen aber nie genug Arbeit, dann müssen Sie beginnen, hier etwas zu ändern.

In Ratgebern, die sich mit dem Thema Zeitmanagement beschäftigen, geht es zumeist um die Frage, wie ich meine eigene Zeit am besten strukturiere und organisiere.

Die übliche Vorgehensweise ist dort folgende, an manchen Punkten bestimmt hilfreiche, aber oft nur die Symptome bekämpfende:

1 Alle Handlungen werden konsequent an den eigenen Zielen ausgerichtet (notfalls auch an den Zielen des Unternehmens, der Schule oder des Chefs).

2 Die schriftliche Zeitplanung für den folgenden Tag erfolgt immer bereits am Abend vorher. Dabei werden Aufgabenlisten geführt, die abgearbeitet werden müssen. Lange nicht erledigte Aufgaben sollten dahingehend überprüft werden, ob ihre Abarbeitung wirklich notwendig ist, vielleicht kann die Aufgabe ja auch gestrichen werden. Auch eine Wochenplanung am Sonntagabend kann einem helfen.

3 Die Aufgaben, die besonders wichtig sind (z. B. zum Erreichen der Ziele) müssen als Erstes erledigt werden, unwichtige Aufgaben können warten. Manchmal erledigt man lieber erst die unwichtigen Aufgaben, weil wichtige Aufgaben entweder unangenehm oder sehr arbeitsintensiv sind. Übrigens: Aufgaben, die dringend erledigt werden sollen, sind nicht gleichzeitig auch wichtige Aufgaben. Dadurch darf man sich nicht täuschen lassen.

4 Aufgaben, die ähnlichen Charakter haben, werden zusammenhängend erledigt. Zuerst werden alle Briefe geschrieben, dann werden Telefonate geführt usw.

5 Sehr komplexe Projekte, die unübersichtlich und anspruchsvoll sind, werden in kleine, appetitliche Häppchen zerlegt. Dabei muss bestimmt werden, in welcher Reihenfolge welcher Schritt erledigt wird. Es muss festgelegt werden, wer welche Aufgabe übernimmt und bis wann sie fertig zu stellen ist.

6 Man muss lernen, bei Aufgaben „Nein" zu sagen, die man nicht erledigen kann oder die einen nicht wirklich betreffen.

7 Sitzungen und Konferenzen müssen effektiv vorbereitet und zügig durchgeführt werden.

8   Der pünktliche Beginn bei Sitzungen ist genauso unerlässlich wie das
     Halten an die vorher verabredete Dauer des Termins. Einmal vereinbarte
     Termine sollten weder abgesagt noch (das ist viel schlimmer) verlegt
     werden.

9   Bei Sitzungen konsequent darauf achten, dass nicht vom Thema abge-
     glitten wird und dass wirklich alles nur einmal und nicht von jedem
     einmal gesagt wird. Tischvorlagen sollten tabu sein. Jeder muss sich vor-
     bereiten können und darf nicht überfallartig mit einem Thema konfron-
     tiert werden.

10   Wenn ein Vorhaben erledigt ist und man daran gut gearbeitet und konse-
     quent seine Zeitplanung durchgeführt hat, kann man darüber froh sein
     und darf sich mit einer besonderen Sache selber belohnen.

Das Problem liegt aber oft nicht in der Organisation der eigenen Zeit,
sondern darin, wie Sie mit Aufgaben, die tagtäglich anfallen, umgehen.
Es hat wenig Sinn, jede Aufgabe, die an Sie herangetragen wird, in einem
Organisationsplan im eigenen Zeitplansystem unterzubringen.

Oft genug gehen Sie über den Flur und werden von vielen Kollegen,
Schülern und vielleicht sogar Eltern angesprochen. Jeder hat Ihnen etwas
Dringendes mitzuteilen, hat eine Frage oder möchte etwas loswerden. Ganz
nebenbei halten Sie sich aber auch deshalb auf dem Flur auf, weil Sie selber
gerade irgendeine wichtige Sache mit jemandem klären wollten.

Jeder kommt also mit seinem Problem auf Sie zu und bittet Sie um Hilfe,
hat eine Frage oder kommt nicht weiter. Bis zu dem Zeitpunkt des Gesprächs
mit Ihnen war die Aufgabe, die derjenige zu erledigen hatte, seine Aufgabe.
Nun kommt er nicht mehr weiter und bittet Sie um Rat, nun ist es zu Ihrer
Aufgabe geworden. Der andere hat eine Aufgabe weniger, Sie haben eine Aufgabe mehr. Wie gut und praktisch für den anderen, wie schlecht für Sie.

Ein Beispiel: Der monatlich erscheinende Elternbrief muss gemacht werden. Ein Kollege, der eine ganz gute Schreibe hat, ist dafür zuständig. Er
kommt zu Ihnen und bittet Sie, eine Liste von Schulthemen aufzustellen, die
vorkommen sollen. Sie sind der Schulleiter, Sie sind dafür ja zuständig. Nun
hat der Kollege diese Aufgabe nicht mehr, dafür haben Sie den Klotz am Bein
und müssen sich dazu Gedanken machen. Nach mehreren Tagen kommt der
engagierte Kollege zu Ihnen ins Büro und erkundigt sich danach, ob Sie die
Liste schon geschrieben haben, damit er anfangen kann zu arbeiten. Sie kamen bisher nicht dazu. Der Kollege verlässt enttäuscht oder ungeduldig den
Kopf schüttelnd Ihr Zimmer. Im Laufe der Woche kommt er noch zweimal
vorbei ...

Jede Aufgabe hat zwei Zuständige. Einen, der die Aufgabe erledigt und einen, der die Aufgabe kontrolliert und überwacht.

Vor dem Gespräch war der Kollege derjenige, der die Aufgabe zu erledigen hatte, nach dem Gespräch mussten Sie die Aufgabe erledigen. Er wurde zum Kontrolleur, Sie zum Arbeiter.

Hier hat sich also die Rolle zwischen dem Schulleiter und dem Kollegen umgekehrt. Er kontrolliert Sie und nicht mehr Sie ihn. Normalerweise ist es doch so, dass Sie sich danach erkundigen, wie weit der Fortschritt bei einem Projekt oder bei einer Aufgabe ist. Nun ist es umgekehrt. Der Rollentausch hat stattgefunden, ohne dass es jemand bemerkt hat. Damit, dass Ihr versierter Kollege Sie besucht und nachfragt, ob er schon mit einem Ergebnis rechnen kann, tut er zwei Dinge, die eigentlich die Aufgabe der Führungskraft sein sollten:

1 Er kontrolliert Ihre Arbeit.
2 Er erwartet ein Ergebnis.

Der wichtigste Schritt zu einer effizienten Führung innerhalb der Schule ist also, von einem aufgaben-annehmenden zu einem aufgaben-kontrollierenden Führungsstil zu kommen. Der eingebürgerte Führungsstil muss wieder umgekehrt werden.

Verschaffen Sie sich einen Überblick darüber, wer häufig zu Ihnen kommt und Ihnen seine Aufgaben aufbürdet:

Name	Aufgabenart	Bemerkungen

Aufgaben, die Sie von anderen bekommen, müssen Sie wieder loswerden. Aufgaben, die Ihre außenbestimmte Zeit tangieren, können Sie nur in bestimmten Situationen von sich weisen. Besonders, wenn diese Aufgaben aus hierarchisch über Ihnen liegenden Ebenen auf Sie „hinunterfallen", müssen Sie genau prüfen, ob es sich hierbei wirklich um Ihre Aufgabe handelt.

Klar ist, dass Sie grundsätzlich zwei Arten von Aufgaben innerhalb von Projekten unterscheiden müssen. Zum einen gibt es natürlich Aufgaben, die Sie alleine zu verantworten und zu erfüllen haben. Zum anderen gibt es aber haufenweise Aufgaben, die Sie zwar erledigen, für die Sie aber eigentlich nicht zuständig sein müssten.

Denken Sie an die Liste, die Sie am Anfang dieses Kapitels (hoffentlich) ausgefüllt haben. Passen Aufgaben zu Ihren Begabungen oder gehören sie ganz einfach zu Ihrer Stellenbeschreibung, dann sind es tatsächlich Ihre Aufgaben.

Gibt es jedoch jemanden, der eine Aufgabe besser erfüllen kann oder der für diese Aufgabe zuständig ist, dann soll er sie bitte schön auch annehmen und erledigen.

Mit der Umstellung Ihres Führungshandelns wird es zu Veränderungen in der Schule kommen. Sie werden plötzlich Freiräume entdecken und Ihre Kollegen werden merken, dass sie selbstständiger arbeiten können. Denn eines ist klar. Von nun an heißt es nicht mehr: „Herr Schulleiter, ich habe da ein Problem. Können Sie mir morgen einen Lösungsvorschlag unterbreiten?", sondern „Herr Schulleiter, ich habe da ein Problem." – „Gut, skizzieren Sie doch mal drei Lösungsvorschläge und wir suchen dann morgen gemeinsam den besten aus!"

Wenn ein Kollege, ein Schüler oder auch die Eltern mit einer Aufgabe auf Sie zukommen und Sie spüren, dass diese Aufgabe bald Ihre eigene Aufgabe sein könnte, müssen Sie den Ball zurückspielen. Bitten Sie darum, dass die Aufgabe vom Interessenten selber erledigt und danach darüber gemeinsam gesprochen wird. So haben Sie den Kopf frei und beschäftigen sich erst wieder damit, wenn schon Lösungsansätze vorhanden sind.

In unserem konkreten Beispiel (s. o.) würde das heißen: Sie schicken den Kollegen, der sich um den Elternbrief kümmern soll, mit der Aufgabe wieder weg. Sie vereinbaren mit ihm in groben Zügen das Vorgehen und einen Termin, an dem er Ihnen (und nicht Sie ihm) erste Ergebnisse vorlegt. Der Kollege kann sich genauso gut oder vielleicht sogar noch besser um Themenvorschläge für den Elternbrief bemühen. Er hat einen guten Kontakt zu den Kollegen und kann sich in der großen Pause im Lehrerzimmer umhören. Zum vereinbarten Termin kommt er mit einer Liste von Vorschlägen, die er schriftlich vorbereitet hat, zu Ihnen.

Dann passiert Folgendes: Er will die Liste bei Ihnen hinterlegen und bittet Sie, die Liste durchzusehen und zu ergänzen. Da droht Ihnen schon die nächste Aufgabe, die es abzulehnen gilt. Auch hier würde das Spiel mit „Kontrolle" und „Erledigung" vertauscht werden. Sie gehen so vor: Sie bitten den Kollegen, Ihnen die Liste vorzulesen. Entweder tut er das oder er fasst die Inhalte kurz zusammen weil das Vorlesen zu lange dauert. Das wäre das Beste, denn hier sparen Sie sich dann sogar noch die Zeit des Lesens. Anschließend sprechen Sie gemeinsam über die Liste. Haben Sie den Eindruck, dass noch wesentliche Punkte fehlen, bekommt der Kollege die Aufgabe, diese zu ergänzen. Sie selber werden im Gespräch noch den einen oder anderen Punkt beitragen können.

Ist es so, dass sich oft, wenn Sie aus dem Unterricht in Ihr Büro kommen, bereits eine lange Schlange davor gebildet hat? Wenn Sie beginnen, die Aufgaben den Kollegen zu geben, die dafür zuständig sind, wird sich diese Schlange bald verringern. Denn es sind vor allem die unwichtigen, belanglosen Nachfragen, Absicherungen und „Informationen", die dann nicht mehr erfolgen.

Wenn Sie damit beginnen, sich selber die Aufgaben vom Hals zu halten, die eigentlich andere erledigen sollten, kann es sogar dazu kommen, dass Sie auf einmal mehr Zeit haben. In dieser Zeit sollten Sie sich umso mehr um Ihre Kollegen kümmern.

Bisher war es vielleicht so, dass Kollegen oft enttäuscht oder frustriert waren, weil die Dinge nicht so schnell geschehen sind, wie sie sich das erhofft hatten. Wenn ein Kollege immer wieder kommt und nachfragt, wie weit es mit einer bestimmten Sache gediehen ist und Sie ihn jedes Mal wieder enttäuschen müssen, dann wächst auch bei dem Kollegen der Frust. Dann merkt er, dass sein eifriger Arbeitseinsatz anscheinend nicht gefragt ist. So leiden also nicht nur Sie unter der Arbeitsüberlastung, sondern auch der Kollege, außerdem wächst in seiner Position der Zweifel an Ihrer Führungsfähigkeit. Und das kann natürlich zu noch viel weit reichenderen Folgen führen.

Bei der Formulierung einer Aufgabe ist es zwingend notwendig, dass Sie diese Aufgabe so genau wie möglich umreißen und beschreiben. Je genauer die Aufgabe nämlich gefasst ist, desto sicherer ist, dass die Aufgabe Ihren Vorstellungen entsprechend erfüllt wird.

Nehmen Sie sich zahlreiche Karteikarten zur Hand und notieren Sie auf jeder Karteikarte eine Aufgabe (oder ein Arbeitspaket). Sie können auf den Karteikarten auch schon notieren, wer für diese Aufgabe als Verantwortlicher infrage kommt. Nun strukturieren Sie Ihre Karteikarten. Sie stellen einen so genannten Projektstrukturplan auf. Dieser Projektstrukturplan hat nicht unbedingt eine zeitliche Struktur. Er ist entweder funktionsorientiert oder objektorientiert angelegt.

Ist er funktionsorientiert, wären einzelne Bereiche des Projektstrukturplans z. B.

> Vorplanung
> Entwicklung
> Testphase
> Auswertung.

Ein objektorientierter Projektstrukturplan beinhaltet (z. B. bei einem Info-Tag) folgende Bereiche:

> Vortrag
> Präsentation
> Führung
> Musikalische Beiträge
> Raumgestaltung
> ...

Soll an der Schule ein neues Schullogo eingeführt werden, könnte ein funktionsorientierter Projektstrukturplan z. B. so aussehen:

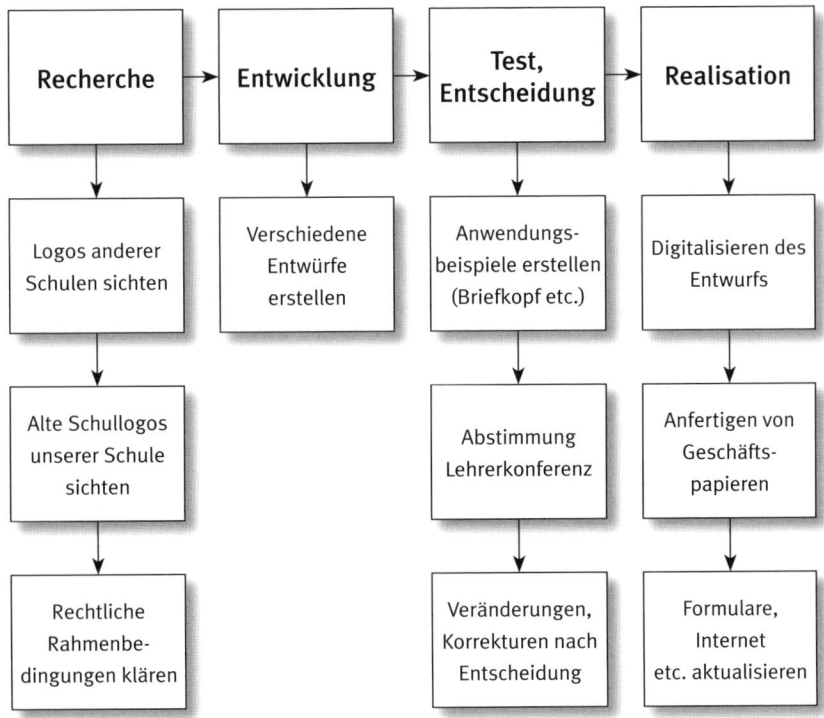

4.4 Koordination von Projekten und Aufgaben

Von nun an koordinieren Sie alle Projekte und Aufgaben und beachten dabei, dass Sie die Aufgaben verteilen und kontrollieren, andere die Aufgaben aber für Sie erledigen, diejenigen nämlich, die für die Aufgabe am besten geeignet sind.

Bei der Verteilung der Aufgaben gelten grundsätzlich folgende Dinge:
1 Der richtige Mitarbeiter für die Aufgabe muss ausgewählt werden.
2 Es müssen die Fristen und Zeiten genau festgelegt werden.
3 Es muss den Beteiligten genau klar sein, wie die Aufgabe umrissen ist und welches Ergebnis erwartet wird.
Detaillierte Informationen folgen unten.

Wenn es bisher so war, dass Sie viele Gespräche mit dem Lehrerkollegium geführt haben, die immer damit endeten, dass alle genau wussten, wo das Problem lag und wie es zu beheben sei, aber nie genau festgelegt wurde, wer für das Beheben in welchem Zeitraum zuständig ist, so wird ab sofort kein Gespräch und keine Diskussion mehr offen enden. Es muss immer eine Person für eine Aufgabe verantwortlich sein. Wenn alle sich einig sind, dass etwas geschehen muss, wird nie etwas passieren. Und Aufgaben, die eigentlich niemand übernehmen möchte und deren Ergebnisse auch nicht wirklich vermisst werden, haben keine Daseinsberechtigung und können getrost vernachlässigt oder am besten gleich ganz gestrichen werden.

Bei der Verteilung von Aufgaben sollten Sie folgende Aspekte besonders beachten:
1 Kein Gespräch und keine Diskussion endet mehr, ohne dass festgelegt ist, welche Aufgaben nun erledigt werden müssen. Wenn allen Beteiligten klar ist, dass am Ende immer die nächste Aktion steht, wird auch nicht mehr endlos diskutiert. Außerdem ist klar, dass Gemotze über die da oben nicht mehr sinnvoll ist, da am Ende immer erwartet wird, dass man selber etwas unternimmt. So wird das Lehrerkollegium dazu angehalten, bei Unzufriedenheit selber etwas zu unternehmen. Je genauer man weiß, welche Aufgabe man hat und je besser diese beschrieben und umrissen ist, desto größer ist die Motivation, mit dieser Aufgabe zu beginnen und ein gutes Ergebnis hervorzubringen. Wenn die Aufgabe klar ist, fällt es auch leichter, mit ihr zu beginnen. Der Anfang ist doch bekanntlich immer am schwierigsten. Sollte innerhalb einer wichtigen Diskussion auf einmal keine Zeit mehr dafür sein, noch die nächsten Aufgaben festzule-

gen, wird ein Kollege damit beauftragt, zum nächsten Termin Vorschläge für die nächsten Aufgaben zu machen.

2 Die Zerlegung eines Projekts in viele kleine Aufgaben erleichtert es einzelnen Beteiligten, diese schnell und erfolgreich zu bewältigen. Nichts ist schlimmer als ein unklares, unübersichtliches Projekt im Nebel, bei dem niemand so recht weiß, wer eigentlich verantwortlich ist und welche Aufgabe zu erledigen hat. Wer was als nächstes zu tun hat, muss klar sein. Auch wenn Sie jetzt denken, dass wir doch alle erwachsene Menschen sind und wissen, wie man große Aufgaben bewältigt, ist das nicht jedem Kollegen an einer Schule klar. Deswegen lieber viele kleine erfolgreiche Schritte über die Brücke als beim Sprung über den Wassergraben ins Stolpern zu geraten. Und Sie wissen doch:

Wie isst man einen Elefanten?
In feine Scheiben geschnitten und
mit Messer und Gabel!

3 Sie sind Schulleiter an Ihrer Schule mit besonderen Qualifikationen. Sie haben diesen Posten erhalten, weil Sie sich z. B. in einem Bewerbungsverfahren besonders bewährt haben (oder weil Sie einen Schulrat gut kannten ...). In zahlreichen Fortbildungen haben Sie sich seitdem mit der Rolle und den Aufgaben des Schulleiters beschäftigt. Haben Sie in diesen Fortbildungen auch gelernt, wie man ein Blatt in den Kopierer legen muss, damit es von vorne und hinten bedruckt wird? Haben Sie gelernt, wie man eine Fahne hisst oder eine Lampe aufhängt? Haben Sie gelernt, wie man eine Tür richten muss, damit sie beim Zufallen nicht knallt? Sie verstehen, was ich meine? Jede Aufgabe braucht jemanden, der sie erledigt. Ab sofort sollten Sie nur noch Aufgaben erledigen, für die Sie von Ihrem Arbeitgeber bezahlt werden. Und Sie werden, glaube ich, nicht dafür bezahlt, einen kaputten Fenstergriff zu reparieren oder eine Liste von Schülern, die am Waldlauf teilnehmen, für das Schwarze Brett zu formatieren? Ihre Kollegen und Mitarbeiter sollen natürlich nicht mit Aufgaben von Ihnen zugeschüttet werden, aber sie können einfach manche Sachen besser erledigen, weil sie sich häufiger damit beschäftigen. Es ist einfach effektiver, wenn die Aufgabe von dem erledigt wird, der sie am besten kann. Sie müssen sich daran gewöhnen, dass Sie eben nicht alles am besten können, sondern vielleicht nur das, was Sie

zum Schulleiter befähigt. Indem Sie Ihren Kollegen die Verantwortung für Aufgaben übergeben, bringen Sie sie auch dazu, verantwortlich zu handeln. Und das ist sehr wichtig.

4 Wenn Sie Aufgaben an Ihr Kollegium weitergeben und diese damit delegieren, dann räumen Sie dem mit der Aufgabe Betrauten viel Freiheit ein. Das ist riskant, weil Sie nicht wissen, was mit Ihrer Aufgabe passiert und ob nicht am Ende ein Ergebnis steht, dass Sie gerne anders gehabt hätten (siehe auch Kap. „Gefahren des Delegierens"). Deswegen müssen Sie abwägen, welche Aufgabe Sie mit welchem Auftrag verbunden weitergeben können.

4.1 Wenn Sie auf Nummer sicher gehen wollen, betrauen Sie einen Kollegen mit einer Aufgabe und lassen ihn dann, bevor der letzte oder wichtigste Schritt getan ist, Sie über sein Vorgehen informieren. Er bekommt dann einen Termin, zu dem er einen Zwischenbericht vorlegen sollte. Wenn ein Plakat für die Info-Veranstaltung gestaltet werden soll, dann müssen Ihnen natürlich die Entwürfe gezeigt werden, bevor das Plakat in Druck geht. Manchmal wird also ein Zwischenbericht notwendig sein, damit alles gut geht. Das heißt aber noch lange nicht, dass die Aufgabe dann nach dem Zwischenbericht wieder Ihre Aufgabe ist. Im Gegenteil: Nach Ihrem endgültigen o.k. führt der Kollege die Aufgabe in voller Eigenverantwortung zu Ende.

4.2 Im anderen Fall können Sie die Aufgabe so genau umreißen und haben so viel Vertrauen zu dem Kollegen, dass Sie die ganze Aufgabe in seine Hand legen können und lediglich am Ende kontrollieren müssen, ob alles auch tatsächlich gut gegangen ist. Soll der eben genannte Kollege sich nach der Gestaltung des Plakats um Druckereien kümmern, Angebote einholen und den Druckauftrag vergeben, dann weiß er, dass er den günstigsten Anbieter zu wählen hat und veranlasst alles Weitere. Sie wissen sowieso nicht, welches Dateiformat die Entwürfe haben müssen, damit der Drucker und seine Vierfarb-Bogenoffset-Druckmaschine damit etwas anfangen können.

5 Wenn eine Aufgabe an einen Kollegen weitergegeben ist, muss ganz eindeutig festgelegt werden, zu welchem Termin ein endgültiges Ergebnis vorliegen muss. Bei manchen Aufgaben handelt es sich auch mehr um einen Prozess, hier sollten dann natürlich kontinuierlich Termine zum Berichten gewählt werden. Die Ergebniskontrolle und die Prozesskontrolle dienen dazu, sich dahingehend abzusichern, dass erstens das Schiff in die richtige Richtung fährt und zweitens die Passagiere auch in New York ankommen und nicht in Boston. Termine müssen immer so gesetzt werden, dass sie realistischerweise auch eingehalten werden können. Er-

fahrungsgemäß braucht man für eine Aufgabe weniger Zeit als dafür, sie vor sich herzuschieben. Deswegen kann eine Zeitspanne gelegentlich schon mal etwas knapper bemessen sein. Zu lange Fristen geben einem zwar die Möglichkeit, eine freie Lücke im Terminplan zu suchen, die Aktualität und die Brisanz eines Auftrages verlieren dadurch aber an Bedeutung. Besser ist es immer, ein Auftrag wird sofort oder spätestens morgen erledigt, als auf die lange Bank geschoben. Notieren Sie sich auf Ihrem Projektblatt und am besten im Terminkalender, wann eine Aufgabe erledigt sein muss. So verlieren Sie nicht den Überblick.

Gehen Sie auf Nummer sicher und fertigen Sie für jedes Projekt, für jedes Vorhaben einen Ablaufplan, in dem Sie genau die einzelnen Aufgaben festhalten. Dieser Ablaufplan könnte so aussehen:

Projektthema						
Datum			Ort			
Nr.	**Aufgabe, Beschreibung**	Zu- ständig	Bemer- kungen	Zwischen- bericht bis	Erledi- gen bis	Erle- digt
1						

Oft wird es so sein, dass Sie eine Projektliste nicht vor einem Projekt komplett füllen, sondern erst während des Vorhabens. Dann ist jede einzelne Aufgabe nicht mehr und nicht weniger als der nächste Schritt, der gegangen werden muss.

Führen Sie die Projektlisten sehr konsequent. So haben Sie immer einen genauen Überblick darüber, welche Aufgaben bereits erledigt sind, was zur

Zeit in Arbeit ist und welche Aufgaben als nächstes anstehen. Am besten fertigen Sie sich auf DIN A3 vergrößerte Formulare nach oben stehendem Muster an.

Die Formulare der Projekte sollten Sie archivieren. So haben Sie, wenn ein Projekt erneut ansteht, bereits einen genauen Überblick darüber, welche Aufgaben ein Projekt beinhaltet und wer am besten dafür in Frage kommt.

Jede einzelne Aufgabe wird für den zu Beauftragenden genau umrissen. Das kann auch mit Hilfe eines Formulars geschehen, das derjenige dann erhält, um die Aufgabe zu erfüllen. Denken Sie daran, dass es dann nicht mehr heißt „Man müsste mal die Plakate an den Eingangstüren entfernen", sondern „Entfernen der Plakate an den Eingangstüren und Reinigen der Scheiben bis zum 15.03.2006, zuständig: Herr. A."

Für die einzelnen Aufgaben eines Projekts können Sie sich ein Formular nach unten stehendem Muster anfertigen.

Vergessen Sie dabei nicht:
„Sage mir, wie ein Projekt beginnt, und ich sage dir, wie es endet!"

Das bedeutet: Sätze wie „Machen Sie mal, Sie schaffen das schon ..." sind von nun an tabu. Liegt keine klare Projektbeschreibung vor, ist auch nicht mit einem klaren oder für Sie passenden Ergebnis zu rechnen.

Projektthema		
Datum	**Ort**	**Verantwortlich**
Aufgabe Nr. _____, **Beschreibung**		
Zwischenbericht bis		
Erledigen bis		
Bemerkungen, Kommentare, Vorschläge		
Ergebnis		
Sonstiges		
Unterschrift, Datum		

Achten Sie darauf, dass Sie die Aufgaben auf dem Projektblatt und dem Aufgabenblatt mit der gleichen fortlaufenden Nummer versehen.

4.5 Risiken abschätzen und verhindern (Risikoportfolio)

Jedes Projekt birgt gewisse Risiken in sich. Wenn Sie sich im Voraus bereits über die Risiken bewusst sind und mögliche Lösungen gefunden werden können, dann wird es im Erstfall längst nicht so kritisch, als wenn Sie unvorbereitet in ein Problem stolpern.

Grundsätzlich gibt es zwei Möglichkeiten, einem Problem zu begegnen. Entscheiden Sie selber, welche besser ist:
1 Wenn ein Problem auftritt, verfallen Sie in Aktionismus und versuchen damit das Problem zu beheben. Das funktioniert nach dem Motto: Die Waschmaschine pumpt nicht mehr ab, also kaufe ich schnell eine neue. (Nebenbei: Dabei hätte es gereicht, das Flusensieb zu reinigen – ein Handgriff von wenigen Minuten.)

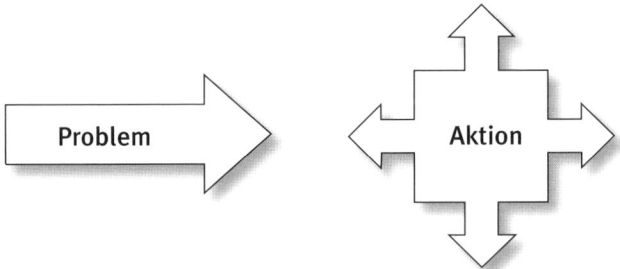

2 Sie gehen nach dem „PULMAN"-Prinzip vor. Das bedeutet:

P	Problem	Ein Problem tritt auf.
U	Ursachen	Es wird nach den Ursachen geforscht.
L	Lösungen	Mögliche Lösungen werden aufgezeigt.
M	Maßnahmenkatalog	Ein Maßnahmenkatalog wird aufgestellt.
A	Aktion	Jetzt erst folgt die eigentliche Handlung.
N	Nachkontrolle	Schließlich wird überprüft, ob das Problem behoben ist.

Legen Sie bei einem akuten Problem die Handlungsschritte fest:

Projekt	
Problem	
Ursache	
Lösungen	
Maßnahmenkatalog	
Aktion	
Nachkontrolle	

Bestimmte Probleme und Risiken lassen sich aber von vornherein abschätzen und schließlich auch minimieren. Setzen Sie sich mit den Beteiligten vor dem Projektstart zusammen.

Listen Sie alle möglichen Risiken auf (Risikoportfolio). Bei der Planung eines Schulfests könnte dies sein:
1 Langfristige Erkrankung des Hauptverantwortlichen
2 Schule brennt ab
3 Festschriftkomitee verkracht sich
4 Strömender Regen am Festtag
5 Schulaula nicht rechtzeitig renoviert
6 Bürgermeister sagt wegen der Kommunalwahlen die Festrede ab
7 ...
8 ...

Nun versuchen Sie, alle Risiken in ein Risikoportfolio einzutragen. Überlegen Sie, inwieweit
> das Eintreffen des Risikos wahrscheinlich ist und
> das Eintreffen des Risikos das Projekt gefährdet.

Tragen Sie die entsprechende Ziffer einfach in das unten stehende Raster ein. Alle Risiken, die sich im rechten oberen Bereich sammeln (im Feld „hoch" oder an der Grenze zu selbigem), müssen dann näher bedacht werden.

		← Projektgefährdung →		
		gering	mittel	hoch
	hoch	6	3	5　1
	mittel		7	4
	gering	8		2

(↑ Wahrscheinlichkeit ↑)

Versuchen Sie, für die problematischsten Risiken, also für diejenigen, die sowohl sehr wahrscheinlich als auch extrem projektgefährdend sind, mögliche Lösungsansätze zu finden. Für unser Beispiel könnten die Lösungen dann so aussehen:

Mögliche Lösungen:
Risiko 1: Dem Hauptverantwortlichen eine Person an die Seite stellen, die den ganzen Prozess begleitet und ggf. einspringt.
Risiko 5: Der Baufirma klare Fristen mit Spielraum setzen, gleichzeitig zu Verleihfirmen für Festzelte Kontakt aufnehmen und Angebote einholen.

Projekt		
Mögliche Risiken	1	
	2	
	3	
	4	
	5	
	6	
	7	
	8	

	← Projektgefährdung →		
	gering	mittel	hoch
hoch			
mittel			
gering			

← Wahrscheinlichkeit →

Risiko Nr.	mgl. Lösung

Erstellen Sie für Ihre Projekte mit dem Formular (siehe S. 51) ein eigenes Risikoportfolio. Aber denken Sie daran: Manche Projekte sind schon deshalb in die Hose gegangen, weil man wegen des ständigen Ausfüllens von Formularen und Checklisten nicht mehr zur eigentlichen Arbeit kam. Deshalb sollte genau überlegt werden: Brauche ich für mein Projekt ein Risikoportfolio?

4.6 Gefahren des Delegierens

Als Schulleiter sind Sie für den Schulbetrieb verantwortlich. Das Schulgesetz definiert Ihre Aufgaben sehr genau. Deswegen können Sie vermeintlich wichtige Dinge nicht delegieren. Sie können jedoch für eine Aufgabe verantwortlich, nicht aber unbedingt mit deren Durchführung vom ersten bis zum letzten Punkt beschäftigt sein. Zahlreiche Argumente sprechen gegen das Delegieren von Arbeiten. Einige dieser Argumente seien hier genannt und gleich auch noch entkräftet:

> Sie trauen sich nicht, den Kollegen Verantwortung zu übertragen. Natürlich ist es manchmal wie der Sprung ins kalte Wasser. Aber überlegen Sie: Wenn Sie schon nicht Ihrem Kollegium vertrauen können (das sie teilweise vielleicht selber mit ausgesucht haben), wem sollen Sie in der Schule dann vertrauen? Der Vogel wird nicht fliegen lernen, solange er nicht den Sprung aus dem Nest wagt. Nur ganz selten wartet die Krähe bereits und erledigt ihn beim Jungfernflug (siehe Volker Weidermann in der Frankfurter Allgemeinen Sonntagszeitung vom 22.05.2005).

> Sie delegieren Aufgaben nicht, weil Sie denken, dass Sie dann über die Ausführung des Auftrags keine Kontrolle mehr haben. Wenn Sie genügend Sicherheiten eingebaut haben (z. B. Zwischenergebnisse usw.), werden Sie zwar keine Kontrolle über den Weg haben, Sie werden aber das Ergebnis präsentiert bekommen. Und manchmal ist der Weg, den der Kollege einschlägt, ja viel besser als der, den Sie sich vorgestellt haben.

> Sie denken, dass Sie der einzige sind, der weiß, wie eine Aufgabe anzugehen ist. Wenn das so ist, sollten Sie Ihrem Kollegium einfach einmal mehr zutrauen und es herausfordern. Bekanntlich wächst der Mensch mit den Aufgaben, die man ihm stellt.

> Manchmal geht es schneller, wenn Sie eine Aufgabe selber erledigen, als wenn Sie sie erst einem Kollegen erklären und ihn damit beauftragen. Das ist zwar manchmal richtig, aber wenn Sie eine Aufgabe einmal selber gemacht haben, dann müssen Sie sie in Zukunft immer selber machen. Erklären Sie die Aufgabe einem Kollegen hingegen einmal ausführlich, so kann er sie beim nächsten Mal selbstständig erledigen.

Außerdem wissen Sie nicht, welche Methode Ihr Kollege wählt und können so auch nicht einschätzen, ob er die Aufgabe nicht noch effektiver in noch kürzerer Zeit bewältigt.

> Wenn Sie Aufgaben abgeben, haben Sie keine Schulleiter-Autorität mehr. Es wäre doch schade, wenn Sie nur deshalb Autorität (man könnte es auch Macht nennen) haben, weil sie alles selber und allein erledigen. Nicht durch das Selbermachen haben Sie Autorität, sondern dadurch, Ihre Wertmaßstäbe umzusetzen und ggf. die Qualität einer Aufgabe zu bestimmen.

> Wurde ein Projekt erfolgreich bewältigt, wird dafür das Kollegium von Eltern, Schülern oder der Schulaufsicht gelobt, und nicht Sie. In der Tat stehen nicht mehr Sie in der Mitte einer zu erledigenden Aufgabe, sondern ein Kollege. Je höher man kommt, desto kälter wird es. Und das trifft nicht nur auf das Erklimmen von Bergen zu. Als Schulleiter bekommen Sie vielleicht nicht mehr Anerkennung für die einzelne kleine Aktion, nicht mehr für die vielen täglichen Aufgaben, die Sie bewältigen. Aber vielleicht, wenn Sie eine Schule gut führen, hat das Lob für die erfolgreiche Führung dann einen anderen Stellenwert.

> Wenn Sie viele Aufgaben delegieren, haben Sie nicht mehr die Möglichkeit, flexibel zu reagieren, weil zu viele Personen an einer Sache arbeiten. Könnte es nicht vielleicht auch sein, dass Sie gerade dann, wenn Sie delegieren, mehr Freiheit und Zeit haben, Krisen schnell zu erkennen und entsprechend zu reagieren? Dann werden Sie flexibler und nicht unflexibler.

> Sie können Ihren Kollegen nicht noch mehr Aufgaben aufhalsen. Die haben schon genug damit zu tun, sich den sich ständig verändernden Anforderungen einer sich entwickelnden Schule anzupassen. Deshalb sollten Sie aber nicht noch Aufgaben übernehmen, die eigentlich dem Kollegium zuzumuten sind. Aufgaben können auch so verteilt werden, dass sie die Kreativität des Kollegiums herausfordern und vielleicht den einen oder anderen dazu befähigen, selber weiterzukommen. Innovative Vorschläge und Ideen reizen viele zur Mitarbeit und setzen ungeahnte Energien frei.

> Fehlt Ihrem Kollegium vielleicht der nötige Überblick, um eine Aufgabe bewältigen zu können? Dann sind Sie gefragt. Geben Sie so viele Informationen weiter wie möglich. Ein Kollege kann nur dann eine Aufgabe zu Ihrer Zufriedenheit erledigen, wenn er sie ganz genau kennt und auch weiß, wie Ihre Zielvorstellungen sind. Den Überblick über ein ganzes Projekt mit all seinen Einzelheiten muss ein Kollege auch nicht haben. Viel wichtiger ist, dass Sie den Überblick behalten.

4.7 Wie Sie ein Projekt garantiert an die Wand fahren – Zehn Ideen

Sie verfolgen gerade ein Projekt, das Ihnen gar nicht behagt? Sie haben vielleicht keine Lust mehr, an einer bestimmten Stelle weiterzuarbeiten? Nichts leichter als das. Fahren Sie das Projekt einfach mit voller Wucht an eine solide Betonmauer.

Hier zehn Vorschläge, die Sie befolgen können, wenn Sie obiges Ziel erreichen wollen:

1   Delegieren Sie alles!
2   Delegieren Sie nichts!
3   Verfahren Sie nach dem Motto „Wissen ist Macht" und teilen Sie nie alles allen am Projekt Beteiligten mit.
4   Setzen Sie unrealistische Ziele und stellen Sie dazu so wenig wie möglich Ressourcen zur Verfügung.
5   Bleiben Sie in Ihrer Zielformulierung möglichst unkonkret. So wird ein ggf. erreichtes Ziel nie das sein, welches Sie selbst erreichen wollten.
6   Vereinbaren Sie Termine zur Überprüfung des Stands und legen Sie diese Termine kurzfristig um oder noch besser: Sagen Sie Termine regelmäßig kurzfristig (ohne Begründung!) ab.
7   Wenn Sie schon eine Zeitplanung machen, dann planen Sie nur kurze und zu enge Zeiträume zum Erreichen von Teilzielen.
8   Versuchen Sie, die zwischenmenschlichen Beziehungen der Beteiligten zu zerstören, indem Sie sich vor Einzelnen abfällig über die Leistungen der anderen äußern.
9   Starten Sie möglichst viele ähnliche Projekte ohne genaue Zielabgrenzung zur gleichen Zeit. Fahren Sie alle an die Wand. Das ergibt dann sogar noch Synergieeffekte.
10 Wenn das Projekt dann ordentlich gegen die Wand gefahren wurde, vergessen Sie nicht, die Schuld auf andere zu schieben. Wertschätzungen der Leistungen der anderen Beteiligten sollten Sie am Ende, aber auch schon während des ganzen Projekts tunlichst vermeiden.

Diese Methode bezeichnet man auch als „Kopfstandmethode".

5 Führungsfeedback

Wenn Sie Aufgaben delegieren und damit nicht mehr allein Verantwortung tragen, müssen Sie zwingend erfahren, wie Ihr Kollegium mit diesem veränderten Führungsstil zurechtkommt. Das ist natürlich nicht der einzige Grund, als Schulleiter vom Kollegium eine Rückmeldung über die eigene Arbeitsweise zu erhalten.

Wenn Sie sich einem Führungsfeedback (oder auch Führungskräftefeedback) durch Ihr Kollegium unterziehen, so gehört dazu eine große Portion Mut. Selbst Lehrern fällt es immer wieder schwer, sich darauf einzulassen, von Schülern zu ihrer eigenen Unterrichtsarbeit beurteilt zu werden. Umso schwerer ist es, sich selber von vielen, vielleicht teilweise schon wesentlich länger im Berufsleben stehenden Kollegen beurteilen zu lassen. Man muss nämlich den Mut aufbringen, mit Kritik, besonders mit negativer, umzugehen. Schließlich geht es nicht darum, dass alle sich gegenseitig bescheinigen, wie gut und toll sie sind. Dann kann man das Führungsfeedback lassen. Nein, es geht doch vielmehr darum, den Finger in die Wunde zu legen und auf Missstände aufmerksam zu machen.

Sie machen sich selber ein Bild von Ihrem Führungshandeln. Sie entscheiden danach, wie Sie Sachverhalte sehen und interpretieren. Das Bild, was Sie selber von sich haben, ist das Selbstbild. Es ist kein realistisches Bild, vielmehr ist es Ihre subjektive Wahrnehmung. Es hat somit also weder mit Objektivität noch mit Realität etwas zu tun. Die Wahrnehmung ist von vielen unterschiedlichen Faktoren abhängig, nicht zuletzt natürlich auch von der Berufs- und Lebenserfahrung. Das Bild, das Sie selbst von sich haben, unterscheidet sich oft in nicht unerheblichem Maße von dem Bild, das Ihr Kollegium von Ihnen hat, dem so genannten Fremdbild.

Bestimmte Verhaltensweisen, die Sie sich angeeignet oder angewöhnt haben, werden von Ihnen nicht oder nicht mehr wahrgenommen. Diese gilt es im Vergleich von Selbst- und Fremdbild aufzuspüren.

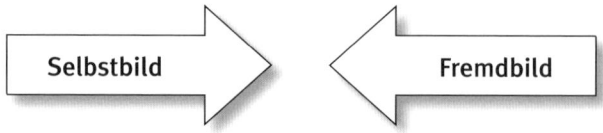

Wichtig ist dabei: Auch das Bild, das das Kollegium von Ihnen hat, wird nicht immer der Realität entsprechen und ist natürlich subjektiv. Es ist abhängig vom Verhältnis des Einzelnen zu Ihnen, von den Aufgaben, die er wahrnimmt und von seiner Vorerfahrung. Erst die Summe der Eindrücke vieler Befragter ergibt eine ungefähre Andeutung dessen, wie Sie auf andere wirken. Da es keine allgemein verbindlichen Antworten auf die Frage gibt, wie eine Schule richtig geführt wird, wird auch immer das Bild, das durch ein Führungsfeedback zustande kommt, ein Bild sein, das aus der persönlichen Sicht des Kollegiums entsteht und deshalb subjektiv ist.

Führungsfeedback ist eine in der Schule für das Führungsverhalten wichtige Befragung des Kollegiums. Diese Befragung muss unbedingt freiwillig, absolut anonym und am besten unter der planerischen Mitverantwortung des Kollegiums geschehen. Werden diese drei Punkte nicht beachtet, ist der Sinn der Durchführung eines Führungsfeedbacks fraglich.

Ziele des Feedbacks sind:
> Angleichung von Selbst- und Fremdbild,
> Stärken und Schwächen der Führungsarbeit zu erkennen,
> Verbesserung der Beziehung zwischen Schulleitung und Kollegium,
> Kommunikation,
> Beteiligung an Führungsarbeit,
> Verantwortung für ein Gelingen des gemeinsamen Schullebens,
> Anknüpfungspunkt für unterschwellige Konflikte,
> Ausgangspunkt für Gespräche und Diskussionen zum Thema Führungsstil.

An dieser Aufzählung ist bereits zu erkennen, dass das Führungsfeedback die Schulleitung wie auch das Kollegium betrifft. Das Verhältnis zwischen zwei Gruppen oder Personen ist immer von beiden Seiten abhängig. Werden Lehrer zum Führungsverhalten ihres Schulleiters befragt, erwächst daraus zugleich auch die Verantwortung, das eigene Handeln zu überprüfen und ggf. zu verändern. Denn auch das Kollegium ist für das Verhältnis zum Schulleiter mitverantwortlich.

Aus den Ergebnissen, die ein Führungsfeedback mit sich bringt, müssen unbedingt immer für alle deutlich sichtbare Konsequenzen gezogen werden. Sonst kann man sich die Arbeit sparen. Auch das Kollegium muss diese Konsequenzen wirklich sichtbar erkennen, um nicht bei der nächsten wichtigen Aufgabe deutlich Widerstand zu leisten.

5.1 Durchführung

Es ist ratsam, in einer Lehrerkonferenz oder Dienstbesprechung das Thema Führungsfeedback anzusprechen. Dann kann entweder in einer kleinen Arbeitsgruppe ein Fragebogen entwickelt werden oder aus dem Kollegium kommen Anregungen zu möglichen Inhalten eines Fragebogens. Vielleicht werden sich die Kollegen aber auch zurückhalten und die Schulleitung mit der Verfassung eines Fragebogens betrauen. Schließlich ist es ja die Schulleitung, die etwas über ihr eigenes Führungshandeln erfahren möchte. In jedem Fall sollte das Kollegium auf einem Fragebogen die Möglichkeit haben, auch noch andere als die in geschlossenen Frageformen behandelten Bereiche in offenen Fragen anzusprechen (etwa: „Was mir noch auf dem Herzen liegt ...").

Einen Fragebogen muss eine Schule immer für sich selbst entwickeln. Die unten aufgeführten Beispiele können lediglich Anregungen geben.

Jeder Fragebogen sollte in zwei Ausführungen formuliert werden, einmal für das zu befragende Kollegium und einmal für die Schulleitung selber. Denn nicht nur das Kollegium soll befragt werden, auch Sie selber sollen sich ein Bild von Ihrem Führungshandeln machen und diese beiden Bilder dann miteinander vergleichen.

Beispiel:

Lehrerbogen	Schulleiterbogen
Ich finde bei der Schulleitung für meine persönlichen Probleme oft ein offenes Ohr.	Wenn Kollegen mit persönlichen Problemen zu mir kommen, habe ich oft ein offenes Ohr für sie.
Wenn ich einen innovativen Vorschlag mache, werde ich gelobt.	Ein Kollege, der mir seine innovativen Ideen vorstellt, wird dafür von mir gelobt.
...	...

Im Fragebogen sollten die Fragen zu einzelnen Themenkomplexen möglichst miteinander vermischt stehen. Damit verhindern Sie, dass bestimmte Themenkomplexe undurchdacht beantwortet werden. Genauso wichtig ist es, Fragen nicht immer nur positiv oder nur negativ zu formulieren. So wird die Aufmerksamkeit erhöht. Auch ist es weniger ermüdend, wenn unterschiedliche Frageformen gewählt werden.

Wenn ein Fragebogen entwickelt wurde, geht es an die Durchführung der Befragung. Wichtig ist, dass das Kollegium von Ihnen ein Begleitschreiben dazu erhält, in dem die wichtigsten Informationen zur Befragung aufgeführt sind:

> Hinweise zur Art und zum Grund der Befragung
> Betonung der absoluten Anonymität
> Erklärungen zum Fragebogen und ggf. ein Glossar mit Erklärungen zu einzelnen Formulierungen und Begriffen
> Hinweise zur Abgabe des ausgefüllten Fragebogens (Ort, Zeit, etwa 10 bis 14 Tage mit Erinnerung)
> Hinweise zum weiteren Vorgehen (Auswertung etc.)

Die Auswertung der Befragung kann durch unterschiedliche Personen erfolgen. Gerade in kleinen Schulen besteht jedoch nicht die Gewähr einer zugesicherten Anonymität, wenn man selber die Auswertung vornimmt. Innerhalb des Kollegiums muss deshalb genau geklärt werden, wer für eine Auswertung infrage kommt. Ist der Personalvertreter vielleicht die geeignete Person?

Bedenken des Kollegiums

Befragungen führen im Kollegium immer wieder zu den gleichen Bedenken. Damit Sie sich darauf einstellen können, welche Bedenken auf Sie zukommen, möchte ich diese hier kurz erwähnen. Einige sind ja auch schon angeklungen:

> Die größten Bedenken werden immer wieder wegen einer manchmal schwer zu gewährleistenden Anonymität vorgebracht. Hier ist es besonders wichtig, dass Sie diese Bedenken sehr ernst nehmen und Lösungsmöglichkeiten entwickeln, um diese Bedenken zu zerstreuen. Haben Lehrer den Verdacht, die Anonymität könnte nicht gewährleistet sein, werden sie sich kaum an der freiwilligen Befragung beteiligen und diese wäre für Sie dann vergebens. Gerade wenn sich Kollegen mit eigenen Vorschlägen äußern und nicht nur Kreuzchen machen sollen, ist in Schulen schnell klar, wer welchen Fragebogen ausgefüllt hat. Hier muss also stark darauf geachtet werden, dass die Äußerungen jedes einzelnen Lehrers anonym bleiben.
> Die Folgen einer Befragung sind nicht erkennbar. Es gibt nichts Entscheidenderes für den Erfolg einer Befragung, als dieser dann auch Taten folgen zu lassen. Das Kollegium wird sich kaum bei dem Ausfüllen eines Fragebogens bemühen, wenn es nicht das Gefühl hätte, es könnte sich dadurch etwas bessern.

> „Das wissen wir doch sowieso schon alles!" Es stimmt oft sogar, dass das eigentliche Problem oder zumindest der Grundtenor schon vorher klar ist. Aber bisher wurde eben nur zwischen Tür und Angel darüber getratscht, nun hat man die Ergebnisse einmal schwarz auf weiß und kann sie konstruktiv angehen.

> Alle kennen das Problem, es gibt aber scheinbar keine Lösungsmöglichkeiten. Diese Meinung kann vor allem dann verbreitet sein, wenn als Urheber für ein Problem „die da oben" verantwortlich sind. Hier müssen Sie selber Verantwortung tragen und klar machen, dass oft Dinge auch selber in die Hand genommen werden müssen, um zu einer Verbesserung zu kommen.

5.2 Fragebogen

Die hier vorgeschlagenen Formulierungen (Items) gliedern sich zum einen in aufgabenorientierte, zum anderen in mitarbeiterorientierte Bereiche. Sie sind zum Teil positiv, zum Teil negativ formuliert. In einem eigenen Fragebogen ist es sinnvoll, die Fragen miteinander zu mischen.

Die mitarbeiterorientierten Fragen überprüfen, ob der Schulleiter Wert darauf legt, zum Kollegium ein gutes Verhältnis zu schaffen. Die aufgabenorientierten Fragen hingegen legen mehr Wert auf die Erledigung bestimmter Aufgaben. Für den Schulleiter ist ein ausgewogenes Führungsverhalten, das weder nur mitarbeiterorientiert noch ausschließlich aufgabenorientiert ist, am besten.

Positive, mitarbeiterorientierte Fragen					
Nr.	Frage	stimmt	stimmt eher	stimmt eher nicht	stimmt gar nicht	weiß nicht
1	Mein Schulleiter lobt mich für gute Arbeit.					
2	Habe ich persönliche Probleme, finde ich ein offenes Ohr bei der Schulleitung.					
3	Mein Schulleiter unterstützt mich.					
4	Ich fühle mich als gleichberechtigter Partner behandelt.					
5	Führe ich mit meinem Schulleiter ein Gespräch, so findet dieses meist in einer angenehmen Atmosphäre statt.					
6	Meinen Schulleiter erlebe ich als gesprächsbereit.					
7	Persönliche Probleme werden von meinem Schulleiter angemessen berücksichtigt.					
8						
9						

Negative, mitarbeiterorientierte Fragen						
Nr.	Frage	stimmt	stimmt eher	stimmt eher nicht	stimmt gar nicht	weiß nicht
10	Wenn ich einen Fehler mache, wird dieser mir lange vorgehalten.					
11	Mein Schulleiter kritisiert mich auch, wenn Kollegen anwesend sind.					
12	Hat mein Schulleiter ein persönliches Problem, gibt er seinen Ärger auch an das Kollegium weiter.					
13	Die Hierarchie in der Schule wird durch meinen Schulleiter immer wieder betont.					
14	Ich bekomme andere Aufgaben, Klassen oder Fächer, ohne dass mit mir darüber gesprochen wird.					
15						
16						
17						
18						

Positive, aufgabenorientierte Fragen						
Nr.	Frage	stimmt	stimmt eher	stimmt eher nicht	stimmt gar nicht	weiß nicht
19	Mein Schulleiter hält mich auf dem Laufenden, damit ich meine Aufgaben gut bewältigen kann.					
20	Mein Schulleiter kann mich gut motivieren.					
21	Wichtige Entscheidungen, die meine Tätigkeit in der Schule betreffen, werden mit mir abgesprochen.					
22	Bekomme ich vom Schulleiter eine Aufgabe übertragen, werden dabei meine besonderen Fähigkeiten berücksichtigt.					
23	Mein Schulleiter regt mich dazu an, selbstständig und eigenverantwortlich Aufgaben zu übernehmen.					
24	Kritisiere ich meinen Schulleiter, wird diese Kritik akzeptiert und ernst genommen.					
25						
26						
27						

Negative, aufgabenorientierte Fragen						
Nr.	Frage	stimmt	stimmt eher	stimmt eher nicht	stimmt gar nicht	weiß nicht
28	Änderungsvorschläge von meiner Seite bleiben oft wirkungslos.					
29	Hat mein Schulleiter mir eine Aufgabe übertragen, lässt er mich damit alleine und kümmert sich nicht um deren Fortschritt.					
30	Bekomme ich von meinem Schulleiter eine Aufgabe übertragen, bleibt unklar, wie das genaue Ziel aussieht.					
31	Ich kann meine Arbeitszeit nicht flexibel einteilen, weil ich oft auf Zuarbeiten durch den Schulleiter angewiesen bin.					
32	Oft wird nicht gefragt, sondern ein Auftrag ohne die Möglichkeit zum Widerspruch zugeteilt.					
33	Innovationen haben keine Chance, wenn es auch nur einen kleinsten Zweifel an deren Erfolg gibt.					
34						
35						
36						

5.2 Auswertung

Die Auswertung eines Führungsfeedbacks ist von immanenter Bedeutung. Natürlich gehört Mut dazu, sich von den Kollegen beurteilen zu lassen. Noch mehr Mut gehört aber dazu, die Ergebnisse zu analysieren, zu interpretieren und dann daraus mögliche Konsequenzen zu ziehen.

Sinnvollerweise werden die Fragebögen durchnummeriert und dann in einer Excel-Tabelle erfasst. Dabei müssen ggf. negative Items umcodiert werden um zu erkennen, wo es Defizite und Stärken gibt. Positive („stimmt" und „stimmt eher") sowie die negativen Werte können jeweils geclustert werden, um ein übersichtliches Bild zu erhalten.

Beispiel:

Fragebogen-Nr.	Mein Schulleiter lobt mich für gute Arbeit.	Habe ich persönliche Probleme, finde ich ein offenes Ohr.	Mein Schulleiter unterstützt mich.	Ich fühle mich als gleichberechtigter Partner behandelt.	Führe ich mit meinem Schulleiter ein Gespräch, so findet dieses meist in einer angenehmen Atmosphäre statt.	Meinen Schulleiter erlebe ich als gesprächsbereit.	Persönliche Probleme werden von meinem Schulleiter angemessen berücksichtigt.
1	3	4	2	0	4	2	3
2	4	4	2	3	1	2	4
3	1	2	2	1	1	2	1
...							

4 = stimmt
3 = stimmt eher
2 = stimmt eher nicht
1 = stimmt nicht
0 = weiß nicht

Als Schulleiter sollten Sie in einem ersten Schritt allein überlegen, welche kritischen Punkte sich aus den Ergebnissen einer Umfrage ergeben. Besprechen Sie Ergebnisse innerhalb der Schulleitung, darüber hinaus präsentieren Sie wichtige Erkenntnisse Ihrem Lehrerkollegium. Die rein statistische Zahlenauswertung können Sie vielleicht sogar im Lehrerzimmer auslegen. In der Analyse der Daten stellen Sie Ihrem Kollegium natürlich die für Sie guten Ergebnisse der Befragung und dann auch die kritischen Punkte vor. In einem offenen Kollegium können Sie gemeinsam darüber diskutieren, wo es Verhaltensänderungen geben müsste.

Dem Kollegium sollte deutlich gemacht werden, dass für die Ausgestaltung des gegenseitigen Verhältnisses nicht nur Sie, sondern das Kollegium genauso mitverantwortlich ist.

Positive Ergebnisse	
1	
2	
3	
4	
Negative Ergebnisse	**Änderungsvorschläge**
1	
2	
3	
4	

6 Software im Schuleinsatz

Natürlich heißt effiziente Führung auch, wie Computer und Computerprogramme in der Schulleitung eingesetzt werden. In diesem Kapitel sollen zum einen Voraussetzungen für den Einsatz von spezieller Schulverwaltungssoftware dargestellt werden, zum anderen werden mit einer kleinen Einführung die Vorteile der Organisationssoftware „Microsoft Outlook" erläutert. Darüber hinaus gibt das Kapitel einen Überblick zu einigen verfügbaren Programmen für die Schulverwaltung.

6.1 Schulverwaltungssoftware

6.1.1 Voraussetzungen für den Einsatz im Schulbetrieb

Ein Beitrag von Manfred Berger, Fachbereichsleiter Mathematik und Mitglied der erweiterten Schulleitung an einem großen Berliner Gymnasium.

Die Entwicklungen im Schulwesen in den letzten Jahren haben dazu geführt, dass die einzelnen Schulen hochkomplexe, differenziert strukturierte Gebilde geworden sind. Aufgabe der Schulleitung ist es, diesen Organismus zielgerichtet zu steuern. Zum Steuern benötigen Schulleitung und Lehrer Informationen und Steuerungsmittel, die einem eine geeignete Schulverwaltungssoftware zur Verfügung stellen sollte.

Was aber sind die Entscheidungsgrundlagen für die Beschaffung einer Schulverwaltungssoftware? Worauf muss man insgesamt bei deren Anschaffung achten?

Eine Leitidee von dem, was ein Programm zur Schulverwaltung ausmachen sollte, will die folgende Grafik vermitteln. Sie zeigt, was das Programm im Computer von der eigenen Schule abbilden können muss, welche Handlungsinstrumente eine Schulsoftware zur Verfügung stellen sollte und wer auf die Daten zugreifen können muss.

Im Zentrum steht dabei die Gruppe der Grunddaten, auf die nahezu alle Nutzungen zugreifen: Schüler-, Lehrer-, Klassen-, Fächer- und Raumdaten. Auf der Basis dieser Daten erzeugen Programme der Verwaltungssoftware wie das Stundenplan-, Oberstufen-, Haushalts- und das Noten-/Zeugnisver-

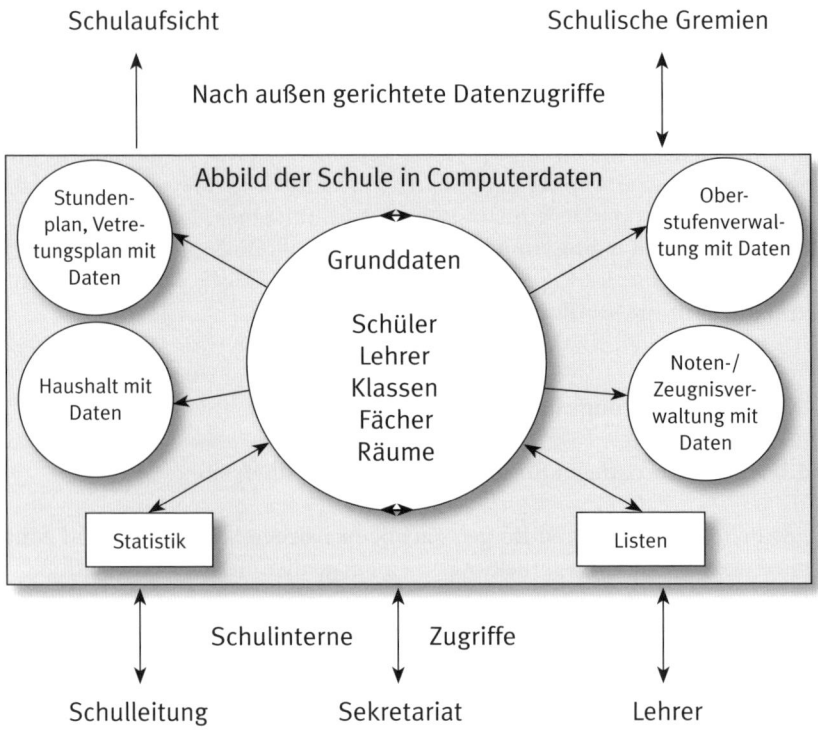

waltungsprogamm wiederum neue Daten, auf die die einzelnen, zuvor benannten Programmteile ebenfalls wechselseitig zugreifen. Der Stundenplaner bindet zum Beispiel Kurse, die vom Oberstufenverwaltungsprogramm erzeugt wurden, in seinen Plan ein.

Die Elemente Statistik und Listen dienen dazu, Abfragen an das System zu erzeugen, die aus dem Datenbestand statistische Informationen oder einfache Listen (z. B. Klassenlisten) generieren, um sie den am Schulleben Beteiligten für Ihre tägliche Arbeit zur Verfügung zu stellen.

Auf diese Art und Weise wird durch Daten und Programme ein Abbild der Schule im Computer geschaffen. Dabei liegt es in der Natur der Sache, dass an der einen Schule manches von dem, was hier dargestellt wird, nicht gebraucht wird (an einer Grundschule besteht zum Beispiel nicht das Problem der Oberstufenverwaltung) und andere Schulen zusätzliche Anforderungen stellen (eine Berufsschule, ein Oberstufenzentrum wird zum Beispiel die Verbindungen ihrer/seiner Schüler zu Ausbildungsbetrieben mit Informationen über diese Betriebe dokumentieren wollen). Überflüssige Informationen kann man leicht aus dieser Grafik löschen, Zusatzinformationen genauso leicht in diese integrieren. Dies ändert nichts am Grundprinzip der Darstellung: Es gibt einen Satz von Grunddaten, auf den alle Nutzer zugreifen und aus denen gegebenenfalls wieder neue Daten erzeugt werden, auf die wiederum wechselseitig zugegriffen werden kann.

Am oberen und unteren Rand der Grafik findet man die Partner, die auf die Daten der Schule im Rechner zugreifen. Dabei gibt es einerseits schulinterne Zugriffe, das sind in der Regel Zugriffe zur Erledigung der täglichen Arbeit an der Schule und andererseits schulexterne Zugriffe, z. B. die Abfrage bestimmter statistischer Daten von der Schulbehörde. Zu den schulexternen Zugriffen werden hier auch die Zugriffe auf das System zugunsten paritätisch besetzter Arbeitsgruppen aus Eltern, Lehrern und Schülern z. B. bei der Erarbeitung eines Schulprogramms gerechnet.

Betrachtet man die in der Grafik angenommenen Zugriffe, so erkennt man, dass mindestens fünf Mitarbeiter aus der Schule auf die Daten bzw. Handlungsinstrumente zugreifen werden und möglicherweise ein Zugriff von außen erfolgt. Dies geschieht in der Regel nach dem im Folgenden dargestellten Zugriffsraster. Dabei wird davon ausgegangen, dass der Schulleiter und gegebenenfalls sein Stellvertreter gleichzeitig die Zugriffe für die schulischen Gremien (z. B. Schulkonferenz) realisieren.

	Grunddaten	Stundenplan	OS-Daten	Statistik	Noten/Zeugnisse	Listen	Haushalt
Schulleiter/ Gremien	X	X	X	X	X	X	X
Stell. Schulleiter	X	X	X	X		X	X
Päd. Koordinator	X	X	X	X	X	X	
Sekretariat	X					X	X
Lehrer	X				X	X	
Schulbehörde				X			

Die vorstehende Tabelle macht mehrere Dinge deutlich:

In einer Schule besteht für mehrere Mitarbeiter *gleichzeitig* die Notwendigkeit des Zugriffs auf die von der Schulverwaltungssoftware bereitgehaltenen Daten und Handlungsinstrumente.

Verschiedene Mitarbeiter haben *verschiedene Zugriffsnotwendigkeiten.* Alle Beteiligten greifen auf die *Grunddaten* zu. Der Zugriff der Schulbehörde auf Daten *von außen* erfordert eine gesonderte Sicht.

Aus den bisherigen Ausführungen ergeben sich wiederum einige wesentliche Forderungen an ein Schulverwaltungsprogramm: Es sollte sich um ein integriertes, netzwerkfähiges Paket handeln, dass die Möglichkeit des *abgestuften* Zugriffs (etwa über Benutzerrechte) auf Daten und Handlungsinstrumente von mindestens fünf verschiedenen Arbeitsplätzen aus ermöglicht. Ferner sollte das Programm eine Schnittstelle zur Verfügung stellen können, die den Anforderungen des Zugriffs der Schulbehörde entspricht. Hierbei bestehen zwei Möglichkeiten: Die Schulbehörde greift von selbst zu oder sie bittet um die Übermittlung von Daten. Da die Entwicklung von Zugriffen der jeweiligen Schulbehörde auf schulinterne Daten erst am Beginn steht, sollte man, so sie denn schon bestehen, die geforderten Spezifikationen der Schulbehörde bei seiner Beschaffung beachten, andernfalls sollte man bei der Behörde nachfragen, welche Überlegungen es hierzu bereits gibt. Sollte man von seiner Schulaufsicht hierzu keine Auskünfte bekommen, so ist es sinnvoll, mit dem Softwareanbieter darüber zu sprechen, welche Möglichkeiten die angedachte Software hier bietet bzw. inwiefern sie auf zukünftige Wünsche anpassbar sein wird.

Wer eine Schulsoftware beschafft, die allein den bisher formulierten Ansprüchen genügt, steht vor dem Problem, dass er nicht nur die Software einkaufen, sondern zusätzlich auch ein Verwaltungscomputernetzwerk installieren muss.

Dabei sollte es sich um ein Netzwerk aus einem Guss handeln: Gleiche Hard- und Software, insbesondere gleiches Betriebssystem an jedem Arbeitsplatz bei Sicherstellung der Verträglichkeit mit der Schulverwaltungssoftware. Parallel dazu muss garantiert werden, dass die Wartung des Netzwerkes auch nach der Erstinstallation stets sachgerecht im Sinne des Schulsoftwarevertriebspartners durchgeführt wird. Nur auf diese Art kann man verhindern, dass im Falle einer Fehlfunktion der Schulverwaltungssoftware nicht das Netzwerk für diese Fehlfunktion verantwortlich gemacht wird. Wichtig für den Schutz vor den Folgen von Fehlfunktionen ist es, bei der Netzwerkplanung Überlegungen zur in- und externen Datensicherung mit einzubeziehen.

Die obigen Ausführungen zeigen, dass neben einem kooperativen Schulsoftwarevertriebspartner schulische Mitarbeiter gefordert sind, die bereit sind, sich dem Projekt „Schulsoftware" zu widmen und die im Umgang mit Computern schon eine gewisse Grunderfahrung besitzen. Es ist wichtig, dass es an der Schule mindestens einen Mitarbeiter gibt (besser zwei), der das Projekt insgesamt begleitet und dass Schulleiter, stellvertretender Schulleiter, die pädagogischen Koordinatoren sowie die Sekretärinnen sich als Partner im Prozess der Softwareeinführung sehen und sich darauf einlassen. Dazu gehört auch die Bereitschaft, Arbeitsabläufe an der Schule softwaregerecht zu organisieren. Dies heißt, gegen Gewohnheiten anzugehen – es hat keinen Sinn, Computer zu kaufen, um damit von der Arbeitsorganisation her genauso wie ohne Computer zu arbeiten. Im Rahmen des Einführungsprozesses muss stets geklärt werden, wer wann welche Daten zu pflegen hat.

Komplexe, integrierte Schulverwaltungssoftware erfordert, dass vom Hersteller/Vertriebspartner abgestufte Schulungen für die Mitarbeiter im Handling der einzelnen Module angeboten werden. Dies sollte vor dem Kauf sichergestellt worden sein. Schulungen nach dem Multiplikatorenmodell (d. h. ein Lehrer ist – woher auch immer – informiert, gibt dann seine Kenntnisse weiter) sind nach den Erfahrungen mit dem Spiel „Stille Post" in der Regel nicht sinnvoll, zumal bei einer Schulverwaltungssoftware der hier beschriebenen Art jeder Mitarbeiter eine Schulung benötigt, die auf seine speziellen Aufgaben zugeschnitten ist: Ein pädagogischer Koordinator muss neben den Basisaufgaben insbesondere wissen, wie sein Oberstufenmodul funktioniert und wie es mit dem Stundenplanprogrammteil zusammenarbeitet, während der stellvertretende Schulleiter Basiskenntnisse und spezielle Kenntnisse zum Stundenplan/Vertretungsplanungsprogramm und dem Zusammenwirken mit anderen Programmteilen benötigt.

Der Aufbau eines funktionierenden Schulverwaltungssoftwaresystems mit einem integrierten Softwarepaket ist eine Langzeitaufgabe, die schrittweise angegangen werden sollte. Ausgehend von einer funktionierenden Sekretariatsarbeit mit den Basisdaten, der Statistik und den Listen sollte dann nacheinander das Stundenplanmodul, das Oberstufenmodul usw. in Betrieb genommen werden.

Eine Arbeit, die auf Langzeitlösungen angelegt ist, bedarf auch des besonderen Schutzes: Der Anbieter der Software sollte die Gewähr bieten auch noch in einigen Jahren am Markt zu sein und es sollte vertraglich abgesichert werden, dass – etwa bei der Veränderung von Vorschriften oder auch der Betriebssystemsoftware – die Schulverwaltungssoftware an die neuen Gegebenheiten angepasst wird.

In den obigen Ausführungen wurde von einem integrierten Softwarepaket ausgegangen. Natürlich gibt es auch Programme, die einzelne der in der Grafik beschriebenen Aufgaben bewerkstelligen. Aber es scheint widersinnig, solche Lösungen anzustreben: Die Grafik zeigt, dass alle Module auf einen Grunddatenbestand zugreifen. Man hat dann bei der Verwendung von Stand-alone-Lösungen entweder das Problem, für jedes dieser Programme die Grunddaten einzugeben oder sie von einem Programm über Datenschnittstellen in das andere Programm einzuspielen, was in der Regel kaum ohne Reibungsverluste ablaufen wird. Besonders auffällig wird das Problem des Wechselspiels wie schon oben angedeutet im Bereich der Oberstufenverwaltung: Diese greift auf die Grunddaten zu, erzeugt dann und parallelisiert Kurse (blocken), die dann wieder auf geeignete Weise an ein Stundenplanprogramm übergeben werden müssen. Diese Übermittlung ist direkt nur schwer möglich und erfordert dann beim Stundenplaner erneute Tipp-/Eingabearbeit. Eine echte Arbeitserleichterung hat man daher eigentlich nur mit einem integrierten Paket.

Zusammenfassung – die Schritte zur Beschaffung einer Schulverwaltungssoftware:

1. Schaffen Sie Konsens über das Ziel „Beschaffung einer Schulverwaltungssoftware" unter allen Mitarbeitern, die später damit arbeiten sollen. Alle diese Mitarbeiter sollten Grundfertigkeiten (Windows/Office-Software) in der Arbeit mit Computern haben. Andernfalls sollten die betreffenden Mitarbeiter in der Beschaffungsphase diese Grundkenntnisse erwerben.

2. Fragen Sie bei Ihrer Schulverwaltung nach, ob es Richtlinien/Hinweise zur Beschaffung einer solchen Software gibt. Es kann sich auch lohnen, unter dem Stichwort „Schulverwaltungssoftware" über Google und die Internetseiten der Kultusministerien der Bundesländer zum Thema zu recherchieren.

3. Informieren Sie sich über die datenschutzrechtlichen Vorschriften.

4. Entwickeln Sie in Ihrem Schulteam auf der Basis der unter 2. erhaltenen Informationen eigene Vorstellungen, was sich Ihr Schulverwaltungsteam von einer Software wünscht.

5. Unter http://www.bics.be.schule.de/schulverw/anbietersv.htm findet man Hinweise über Anbieter von Schulsoftware (diese Seite wurde im Gegensatz zu den Seiten unter 2. in der letzten Zeit relativ stabil angeboten). Nehmen Sie Kontakt mit Anbietern auf – vielfach kann man Demo-CDs erhalten. Schon in dieser Phase kann es sich lohnen, nach Referenzschulen in Ihrer Umgebung zu fragen (einige Anbieter teilen die Namen solcher Schulen bereits auf ihren Internetseiten mit). So bekommen Sie Hinweise über den Verbreitungsgrad, Informationsquellen und bei Kauf der entsprechenden Software über mögliche Kooperationspartner (siehe auch Kapitel „Anbieter").

6. Prüfen Sie das Informationsmaterial der Anbieter darauf, inwieweit die angebotene Software mit Ihren Vorstellungen und den Vorgaben der Schulbehörde korrespondiert.

7. Wenn sich Interesse an einer speziellen Software entwickelt, dann nehmen Sie Kontakt mit den Referenzschulen auf und bitten Sie um Austausch (den Sie dann intensiv nutzen sollten).

8. Ist eine erste Entscheidung zugunsten eines Anbieters gefallen, so nehmen Sie mit diesem Kontakt auf und entwickeln Sie dann ein konkretes Bild von Ihrer Softwarebeschaffung:

   a. Welche Hardwareanforderungen bestehen – wer liefert diese Hardware und installiert sie dann? Denken Sie daran, dass für die Installation eines Netzwerks Eingriffe in die Bausubstanz etwa für die Kabelverlegung notwendig werden können.

   b. Welche Softwarevoraussetzungen bestehen – z.B. welches Betriebssystem wird notwendig, wird das Office-Paket benötigt? Was ist mit dem Schutz vor Viren? Wer installiert diese Software?

   c. Wer wartet die unter a/b benannte Hard-/Software? Wie wird die regelmäßige Datensicherung vorgenommen? Achten Sie darauf, dass auch eine externe Datensicherung, z.B. auf einer DVD, vorgenommen wird, denn was nützt Ihnen die beste interne Datensicherung, wenn bei einem Einbruch die Computer – auch die mit den gesicherten Daten – gestohlen werden?

d. Wie wird die gewünschte Schulsoftware geliefert – ist etwa eine abgestufte Beschaffung einzelner Module möglich, die dann Schritt für Schritt ergänzt und freigeschaltet werden können? Auf diese Art lassen sich die Beschaffungskosten strecken und das Problem eines Fehlkaufs wird minimiert.

e. Wer installiert die Schulverwaltungssoftware?

f. Wer wartet das in a) bis e) aufgebaute Hard-/Softwaresystem nach der Erstinstallation? Wie hoch sind die dann fortlaufenden Kosten?

g. Wie, wo findet zu welchen Kosten die Einarbeitung/Fortbildung der Mitarbeiter statt?

h. Welche Hilfestellungen bieten Vertreiber und Hersteller bei Problemfällen an? Wie hoch sind die dann fortlaufenden Kosten?

i. Wie schnell wird im Problemfall Hilfe geleistet? Stellen Sie sich vor, der Vertretungsplaner funktioniert plötzlich nicht und Stecktafeln haben Sie jetzt nicht mehr, denn Sie arbeiten ja mit dem Computer – ein Mangel im Vertretungsplaner kann den ganzen Schulbetrieb lahm legen! Mängel im Netzwerk oder auch in der Schulverwaltungssoftware können die ganze Schulverwaltung blockieren.

j. Ist der Softwarehersteller an konstruktiver Kritik interessiert, d. h. arbeitet er an einer beständigen Verbesserung seiner Software? Einige Softwarehersteller bieten z. B. Seminare für die Nutzer Ihrer Software an, in denen Verbesserungen diskutiert werden, die dann später vom Hersteller umgesetzt werden.

k. Wie ist gesichert, dass bei Veränderungen etwa im Schulrecht (z. B. wenn die Abiturvorschriften verändert werden) Konsequenzen daraus auch in die Software eingearbeitet und rechtzeitig zur Verfügung gestellt werden? Ihre Schulverwaltungssoftware muss zukunftssicher sein, denn Sie und Ihre Mitarbeiter werden in den nächsten Jahren sehr viel Wissen, Zeit und Mühe in die Arbeit mit Ihrer Schulverwaltungssoftware stecken.

1. Wie werden mit den im Programm verankerten Mitteln die Datenschutzvorschriften erfüllt?

9. Wenn Sie mit dem Anbieter einig werden, dann sollten Sie unbedingt darauf achten, dass möglichst alle unter 8. benannten Punkte auch vertraglich fixiert werden.

6.1.2 Anbieter von Schulverwaltungssoftware

Es gibt inzwischen zahlreiche Anbieter von Schulverwaltungssoftware. Die Software ist teilweise auf die einzelnen Vorgaben aus den Bundesländern eingestellt, manche Produkte sind aber auch universell einsetzbar. Die jeweiligen Einsatzmöglichkeiten erfragen Sie bitte direkt beim Anbieter. Diese Liste erhebt keinen Anspruch auf Vollständigkeit. Sie entstand aus eigenen Recherchen, sicherlich gibt es zahlreiche weitere Produkte. Die Nichtnennung weiterer Produkte beruht nicht auf etwaigen Vorbehalten und ist auch keine Qualitätseinstufung, sondern beruht auf Unkenntnis.

Schulverwaltungs-programme	Hersteller	Anschrift	Tel./Fax/Url/E-Mail	Anschrift	Ansprechpartner
WinSchule	SchulSoft-Ware	A. Tillmann Klausenpaß 20A 12107 Berlin	Tel.: 030-747 92 468 Fax: 030-747 92 469 Url: www.winschule.de E-Mail: schulsoftware@ winschule.de	Berlin-Mariendorf (siehe Hersteller)	Herr Klaus Tillmann Tel.: 030-747 92 468 Fax: 030-747 92 469 Url: www.winschule.de E-Mail: schulsoftware@ winschule.de
WinSchool	Ramcke Datentech-nik GmbH	Alte Landstr.14 23843 Neritz	Tel.: 04531-880 440 Fax: 04531-880 444 Url: www.rdt.de oder www.winschool.de E-Mail: winschool@rdt.de	Wintersteinstraße 18 10587 Berlin-Moabit	Herr Hartmut Burba Tel.: 030-342 80 08 Fax: 030-341 82 87
Magellan	Stüber Software	Köpenicker Str. 325 12555 Berlin	Tel.: 030-6576 3390 Fax: 030-6576 3391 Url: www.stueber.de E-Mail: support@stueber.de	Schulungscenter, Innovationspark Wuhlheide – Haus 10, Köpenicker Str. 325, 12555 Berlin	Frau Göckes, Frau Corinna von Hoch E-Mail:corinna@stueber.de Tel.: 030-65 76 33 90 Fax: 030-65 76 33 91
Allgemeine schulw mit FileMaker Pro	Autor: Hr. Hermann Diester	Mozartstr. 47 44534 Lünen	Tel.: 02306-755237 Fax: 02306-755238 E-Mail: Diester@cityweb.de	Pappelweg 3, 75417 Mühlacker Url: www.medien-werkstatt-online.de E-Mail: medienwerk-statt@s-direktnet.de	Herr Alfred Grupp Tel.: 07041-83343 Fax: 07041-860768
Hera-Schuldaten	Haneke Software	Rauschendorfer Str. 11 53639 Königswinter	Tel.: 02244-80361 Fax: 02244-3649 Url: www.haneke.de E-Mail: service@haneke.de		

Schulverwaltungs- programme	Hersteller	Anschrift	Tel./Fax/Url/E-Mail	Anschrift	Ansprechpartner
Schulverwalter	Bilsoft GmbH	Knesebeckstr. 50 10719 Berlin	Tel.: 030-39 83 43 85 Fax: 030-39 83 43 86 Url: www.bil-soft.com E-Mail: info@bil-soft.com		Herr Andre Rinza (Softwareberater) Herr Mark-Oliver Morkos (Geschäftsführer) E-Mail: morkos.bilsoft@ gmx.de
gpUntis	Gruber & Petters	Belvederegasse 11 A-2000 Stockerau (Österreich)	Tel.: 0043-2266 62241 Url: www.grupet.at E-Mail: Office@grupet.at	Helmholtzstr. 2-9 10587 Berlin-Moabit	Herr Heinz Friedemann Tel.: 030-390 70 9-0 Fax: 030-391 70 06
WinStundenplan	SchulSoft-Ware	A. Tillmann Klausenpaß 20A 12107 Berlin	Tel.: 030-747 92 468 Fax: 030-747 92 469 Url: www.winschule.de E-Mail: schulsoftware@winschule.de	Berlin-Mariendorf (siehe Hersteller)	Herr Klaus Tillmann Tel.: 030-747 92 468 Fax: 030-747 92 469
daVinci	Stüber Software	Köpenicker Str. 6 12555 Berlin	Tel.: 030-6576 3390 Fax: 030-6576 3391 Url: www.stueber.de E-Mail: support@stueber.de	Schulungscenter, Innovationspark Wuhlheide – Haus 10, Köpenicker Str. 325, 12555 Berlin	Herr Bernhard Stüber, Frau Göckes, Frau Corinna von Hoch E-Mail: corinna@stueber.de Tel.: 030-65 76 33 90 Fax: 030-65 76 33 91
Konrex	Organatics KG	Korb 31 21335 Lüneburg	Tel.: 04131-4054 95 Fax: 04131-4054 94 Url: www.organatics.de E-Mail: organatics@ organatics.de		Hr. Dr. Frank Marnitz

Schulverwaltungs-programme	Hersteller	Anschrift	Tel./Fax/Url/E-Mail	Anschrift	Ansprechpartner
Hera-Turbo Planer	Haneke Software	Rauschendorfer Str. 11 53639 Königswinter	Tel.: 02244-80361 Fax: 02244-3649 Url: www.haneke.de E-Mail: service@haneke.de		
Stundenplaner	Bilsoft GmbH	Knesebeckstr. 50 10719 Berlin	Tel.: 030-39 83 43 85 Fax: 030-39 83 43 86 Url: www.bil-soft.com E-Mail: info@bil-soft.com		Herr Andre Rinza (Softwareberater) Herr Mark-Oliver Morkos (Geschäftsführer) E-Mail: morkos.bilsoft@gmx.de
ConTime	Fraunhofer Institut Rechner-architek-tur und Software-technik	Kekuléstraße 7 12489 Berlin	Tel.: 030-63 92 18 51 Fax: 030-63 92 18 05 Url: www.first.fhg.de E-Mail: dirk.matzke@first.fhg.de		Herr Dirk Matzke E-Mail: dirk.matzke@first.fhg.de
FineTime	Silverbean Software	Benediktinerstr. 4 52066 Aachen	Tel.: 0241-969 0131 Fax: 02561-959 568547 Url: www.silverbean.de E-Mail: service@silverbean.de		Dr. David Willett siehe Herstelleradresse

6.2 Organisationssoftware

Es gibt zahlreiche Computerprogramme, die einem helfen können, die eigene Arbeit effizient zu organisieren. Ein sehr umfangreiches Programm zum Projektmanagement ist „Microsoft Project". Dieses ist in seinen Funktionen jedoch so komplex, dass es für den schulischen Gebrauch nicht zu empfehlen ist. Außerdem sind bei der Anschaffung gewisse finanzielle Hürden zu überwinden, die für eine staatliche Schule mit einem ganz normalen Schuletat sehr hoch sind.

Etwas anders sieht es mit dem Programm „Outlook" (ebenfalls von Microsoft) aus. Im Gegensatz zu „Outlook Express", das fast ausschließlich als E-Mail-Browser eingesetzt wird, ist „Outlook" (hier Outlook 2000) ein so genanntes Desktop Information System (DIS) oder ein Personal Information Manager (PIM) mit zahlreichen weiteren Möglichkeiten und als solches nicht mit „Outlook Express" zu verwechseln.

Outlook sei hier nun etwas ausführlicher dargestellt. Weitere Informationen zu diesem Programm können Sie auch den im Anhang genannten Büchern entnehmen.

Folgende Möglichkeiten bietet Outlook:

> Kalenderführung, Terminverwaltung (über einen Exchange-Server auch mit den Terminplänen aller Kollegen in der Schule oder dem Sekretariat koppelbar)
> E-Mail-Verwaltung
> Aufgabenverwaltung
> Adressverwaltung („Kontakte")
> Journal (Protokollieren von Office-Dokumenten)
> Notizen

Grundsätzlich gilt für die Arbeit mit Outlook wie auch für Zeitmanagement-Systeme, dass einzig über den erfolgreichen Einsatz die konsequente Anwendung entscheidet. Das bedeutet: Wenn Sie sich jeden Tag zu Beginn Ihrer Arbeit ein paar Minuten Zeit für Outlook nehmen, werden Sie bald merken, wie hilfreich dieses Programm ist. Selbstverständlich muss die Bürokraft im Schulbüro ebenfalls mit Outlook arbeiten.

Es ersetzt dann den eigenen Kalender und die Aufgabenverwaltung. Outlook kann natürlich auch mit Handheld Organizern (Palm etc.) abgeglichen werden. Die Daten können exportiert und (z.B. per Mail) auch nach Hause gesendet werden.

Am besten richten Sie sich Ihren Rechner am Arbeitsplatz Schule so ein, dass Outlook beim Hochfahren des Rechners automatisch gestartet wird (Autostart-Ordner).

Der zentrale Bereich des Programms ist der Kalender. Hier können Sie zwischen verschiedenen Ansichten wählen. Die Tagesansicht bietet einem einen genauen Überblick über einen Tag mit jeweiligen Terminen. Um eine Übersicht zu erhalten, gibt es darüber hinaus Wochen- und Monatsansichten. Neben der Ansicht befindet sich ein Kalender, über den man auf bestimmte Tage zugreifen kann. Über dem Kalender gibt es eine Schaltfläche „Zu Heute wechseln", über die man sehr schnell und bequem zum heutigen Tag kommt.

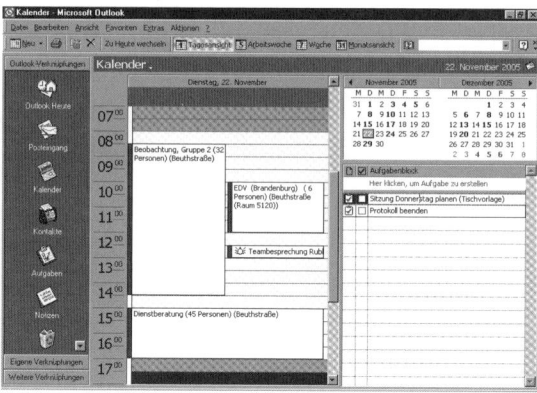

Grundsätzlich muss man beim Anlegen eines Termins unterscheiden: Handelt es sich hier um einen
> Termin oder ein
> Ereignis.

Termine haben eine bestimmte Dauer, einen Beginn und ein Ende (also z.B. Sitzungen, Unterrichtsstunden, Elternversammlungen, Besuche etc.). Ereignisse hingegen haben keine genaue Uhrzeit für Beginn und Ende. Der Geburtstag eines Kollegen ist z.B. ein Ereignis, er hat an einem bestimmten Tag Geburtstag. Seine Feier hingegen ist für Sie, falls Sie eingeladen sind, ein Termin.

Ereignisse werden in der Tagesansicht am Kopf der Spalte angezeigt, Termine zu der Uhrzeit, an der sie stattfinden. Sowohl Termine als auch Ereignisse können einmalig als auch wiederkehrend (das heißt, sich periodisch wiederholend) eingerichtet werden.

Einmalige Termine
Öffnen Sie Ihren Kalender in der Tagesansicht. Mit einem Doppelklick – Dkl –
(z. B. auf die Uhrzeit, zu der der Termin beginnt) öffnet sich ein Fenster, in
dem Sie zahlreiche Informationen zu dem neu einzurichtenden einmaligen
Termin einstellen können.

Den „Betreff" und den „Ort" sollten Sie in jedem Fall eintragen, ebenfalls
die Zeit für den Beginn und ein geplantes Ende des Termins. Klicken Sie das
Feld „Ganztägig" an, verwandelt sich der Termin in ein Ereignis (s. o.). Sie
können sich überlegen, ob und wann Sie vor dem Termin an ihn durch ein
akustisches Signal erinnert werden wollen. Wichtig ist ebenfalls, anzugeben,
welche Priorität der Termin hat. Dazu können Sie unter „Zeitspanne zeigen
als" zwischen *frei, mit Vorbehalt, gebucht* und *abwesend* wählen.

Dabei gilt für die ausgewählte Zeitspanne:
> **frei:** Sie haben zwar einen Termin, sind aber trotzdem frei, um andere
  Termine anzunehmen.
> **mit Vorbehalt:** Den geplanten Termin können Sie auch problemlos
  verschieben. Er ist nur mit Vorbehalt eingetragen.
> **gebucht:** Der Termin steht fest und wird nicht verschoben. Sie haben
  keine Möglichkeit, weitere Termine in diesem Zeitraum zu planen.
  (Die theoretische Möglichkeit in Outlook besteht natürlich – nur
  praktisch können Sie sich nicht zerteilen.)
> **abwesend:** Sie sind nicht in der Schule anwesend und deshalb ist es
  völlig ausgeschlossen, diese Zeit anderweitig zu verplanen.

Eine sehr einfache Möglichkeit, Termine einzugeben, ist, mit einem Klick
eine Uhrzeit anzuklicken und dann den Termin einzutippen. Mit der Maus
kann der Termin angeklickt und verschoben bzw. verlängert werden, mit
einem Dkl wird der Termin geöffnet und kann nach obigen Angaben spezifiziert werden.
  Ordnen Sie alle Ihre Termine bestimmten Kategorien zu (im Terminfens-
ter ganz unten rechts). So haben Sie später die Möglichkeit, genau nachzu-
vollziehen, welche Tätigkeiten Sie zu welchen Kategorien ausgeführt haben.
Sie können – und müssen sogar – auch neue Kategorien einfügen, denn Outlook ist nicht nur für die Hand des Schulleiters programmiert.
  Einmalige Termine können durch einige leichte Eingriffe zu Serientermi-
nen, das heißt sich wiederholenden Terminen gemacht werden. Hierfür eignen
sich besonders die zu gebenden Unterrichtsstunden, aber auch Fortbildungs-
reihen oder regelmäßige Treffen mit allen Mitgliedern der Schulleitung.

Dazu muss man im Fenster, in dem man Termine genauer spezifizieren kann, auf „Serientyp" klicken. Hier besteht nun die Möglichkeit, genau festzulegen, wie oft sich der Termin wiederholt und wann er ggf. endet. Die Uhrzeit des Termins wird festgelegt und genau bestimmt, um welches Serienmuster es sich handelt. Tragen Sie zu gebende Unterrichtsstunden ein, dann wiederholen sich diese wöchentlich, genauso wie Ihre Freitagsrunde mit den anderen Schulleitungsmitgliedern. Termine, die sich nur alle 14 Tage wiederholen, bekommen bei „Jede/Alle ____ Woche(n) am" den Wert „2" eingetragen.

Monatlich stattfindende Termine können auch ganz genau festgelegt werden. Findet die Dienstberatung für Schulleiter jeden ersten Donnerstag im Monat statt? Klicken Sie beim Serienmuster auf „Monatlich" und Sie können genau bestimmen, wann der Termin monatlich stattfindet.

Nutzen Sie die Funktion „Aufgabenblock", um immer wieder zwischen Tür und Angel anfallende Aufgaben zu notieren. Von dort können die Aufgaben genauer spezifiziert bzw. zeitlich Terminen zugeordnet werden, um dann erledigt zu werden.

Alle Aufgaben, die geplant und ungeplant auf Sie zukommen, sollten Sie hier sofort notieren. So gehen diese Ihnen nicht mehr durch die Lappen. Haben Sie eine Aufgabe erledigt, klicken Sie im Aufgabenblock vor die Aufgabe, sie ist damit abgehakt.

Sie können und sollten aber Aufgaben auch noch genauer, detaillierter erfassen. Dazu reicht es, mit einem Dkl eine Aufgabe zu öffnen. Das sich öffnende Fenster hat große Ähnlichkeit mit dem der Termine und Ereignisse. Hier können Sie folgende Angaben machen:

> Start und Ende der Aufgabe,
> Status der Aufgabe und wie viel Prozent bereits erledigt sind,
> ggf. eine Erinnerung an die Aufgabe,
> weitere Details in einem großen Fenster (hier können übrigens, genauso wie bei Terminen und Ereignissen, die verschiedensten Dokumente abgelegt werden, also z.B. E-Mails, Office-Dokumente, Bilder, Audiodateien, Kontaktdaten usw.),
> Serientyp,
> Zuordnung zu einer Kategorie (siehe auch Termine).

Eine weitere, sehr hilfreiche Funktion ist die Möglichkeit, ein Journal über die Aktivitäten zu führen. Diese Möglichkeit ist in Outlook vorhanden, aber nicht ganz leicht zu finden. Sie zeigt einem, wann und in welchem Umfang an einem bestimmten Dokument gearbeitet wurde. So hat man einen Überblick darüber, wie viel Zeit in ein bestimmtes Projekt geflossen ist.

In der Menüleiste finden Sie unter „Extras" den Befehl „Optionen ...". Unter „Journaloptionen" können Sie Office-Programme anklicken, deren Dokumente im Journal beobachtet werden sollen.

Klicken Sie auf der linken Seite des Outlook-Fensters auf „Journal", hier sehen Sie, nach Dokumententyp sortiert, wann und wie lange Sie an Dokumenten gearbeitet haben. In der Menüleiste „Ansicht" können Sie unter verschiedenen Ansicht-Typen wählen.

Das Programm „Outlook" ist in seiner Anwendung sehr praktisch handhabbar. Um mit der Arbeit zu beginnen, muss man nicht erst eine einwöchige Fortbildung besuchen. Allerdings ist es hilfreich, ein einfaches kleines Handbuch zur Verfügung zu haben, dass einem viel Sucherei erspart. „Outlook" bietet einem viele Möglichkeiten, seine Arbeit gut zu strukturieren und darüber hinaus effizienter zu arbeiten. Allerdings erschließen sich dem Nutzer manche der unzähligen Möglichkeiten erst nach langem Suchen, einem Blick in das Handbuch oder dem Anruf bei einem versierten Outlook-Freund.

7 Planungshilfen für Projekte, Aufgaben, die eigene Zeit

7.1 Jahresplanung

	Konfe-renzen, Sitzungen, Eltern-sprechtage	Feste, Kultu-relles etc.	Zeugnisse, Sonstiges, Prüfungen etc.	Klassen-fahrt, Ferien, freie Tage
Juli				
August				
September				
Oktober				
November				
Dezember				
Januar				
Februar				
März				
April				
Mai				
Juni				
Juli				
August				

7.2 Schul- oder Klassenprojekt

Anlass:					
Thema:					
Termin:		Ort/Raum:		Verant-wortlich:	
Klasse:					
Erste Vorbereitung:		Teilnehmer:			

Element	Termin	Fertig	Delegiert an	Kontrolle

7.3 Vorstellung Projekt

Projektname	
Zeit	
Ort, Raum	
Teilnehmerzahl (min./max.)	
Schwerpunkte, Projektbeschreibung	
ggf. Vorkenntnisse/Interessen	
Benötigtes Material	
Präsentation	
Hinweise, Bemerkungen	

7.4 Projektablauf

	Zeitraum	Beteiligt	Material	Bemerkungen
Projektplanung				
Projektdurch-führung				
Projekt-präsentation				
Auswertung				
Sonstiges				

7.5 Event-Planung

Organisation			
Zeitraum	Was?	Verantwortlich	Erledigt
vier bis sechs Monate vor der Veranstaltung	Vorplanung		
	Schulbeschluss		
	Bildung einer Planungsgruppe		
	Endgültige Terminplanung (ggf. Ersatztermin)		
	Endgültige Festlegung des Veranstaltungsortes		
	Kontaktaufnahme mit Kooperationspartnern		
	Anmeldung beim Schulamt		
	Gespräche mit potentiellen Sponsoren		
	Vorläufigen Etatplan erstellen		
drei Monate vor dem Event	Werbemittel in Auftrag geben		
	Helfer gewinnen		
	Personaleinsatzplan		
	Prüfen des Versicherungsschutzes		
	GEMA-Anmeldung		
	Festlegen erforderlicher Geräte (Musik, Licht, Bühne etc.)		
	Genehmigungen einholen		
	Überprüfen des Etatplans		

Organisation			
	Helfertreffen		
	Aufbau-Helfer		
	Abbau-Helfer		
	Wer besorgt was?		
... noch einen Monat	Essen		
	Getränke		
	Dekoration		
	Weiteres:		
	Weiteres:		
während des Events	Begrüßung der Teilnehmer		
	Betreuung von Medienvertretern und Ehrengästen		
bis zwei Wochen nach der Veranstaltung	Abrechnung		
	Auswertungsgespräche		
	Dokumentation		

7.6 Elterngespräch Protokoll

Schüler/Schülerin:	
Anwesend (Erziehungsber.):	
Anwesend (Schule):	
Datum, Ort:	
Zeit: von/bis	
Anlass:	

Thema	Beschluss	Zuständig, Termin

Schulmanagement-Handbuch 117

7.7 Klassenfest – Schulfest

Idee/Thema	
Ziel	
Mögliche Inhalte	
Datum	
Uhrzeit	
Zielgruppe	
Mitarbeiter	
Materialien	
Kosten	

7.8 Schulveranstaltung (allgemein)

Planungsphase	Zuständig	Bemerkung
Grundsatzplanung		
Genaue Festlegung des Veranstaltungszieles		
Analyse der Ausgangslage		
Definition der Zielgruppe		
Festlegung auf ein inhaltliches Konzept		
Festlegung auf eine Ablaufstruktur und Veranstaltungsform		
Festlegung des Rahmenprogramms		
Organisationsplanung		
Planung der Verantwortlichkeiten		
Referentenplanung		
Programmgestaltung		
Bedarfsplanung		
Tätigkeitsplanung		
Finanzplanung		
Veranstaltungsplanung		
Terminkontrolle		
Tätigkeitskontrolle		
Finanzkontrolle		
Referenteninformation		
Ablaufplanung		
Probelauf		
Veranstaltungsdurchführung		
Teilnehmerbetreuung		
Referentenbetreuung		
Ehrengäste		
Medienvertreter		
Veranstaltungsbüro		
Veranstaltungsnachbereitung		
Evaluation		
Dokumentation		

Planungsphase	Zuständig	Bemerkung
Statistik		
Abrechnung		
Dankschreiben		
Sonstiges		

Literatur

› Herwig, U.: Zeit managen. Gräfe und Unzer Verlag: München 2001
› Herzlieb, H.-J.: Konflikte lösen. Cornelsen Verlag: Berlin 2004
› Hofmann, Th.: Outlook 2000 – kurz und bündig. Ullstein Verlag: Hamburg 2002
› Maro, F.: Mitarbeiter sind so verletzlich! Fit for Business: Regensburg 1999
› Mittelstädt, H.: Organisationshilfen für den Schulalltag. Verlag an der Ruhr: Mülheim an der Ruhr 2004
› Mittelstädt, H.: Schulveranstaltungen. Planung, Durchführung, Auswertung. Oldenbourg Verlag: München 2004
› Mittelstädt, H.: Basics für Junglehrer. Der optimale Einstieg in den Arbeitsplatz Schule. Verlag an der Ruhr: Mülheim an der Ruhr 2006
› Nelson, B., Economy, P.: Management für Dummies. WILEY–VCH Verlag: Weinheim 2005
› Ray, J.: Managen und delegieren. Financial Times Prentice Hall Deutschland: München 2001
› Seiwert, L.: Das neue 1x1 des Zeitmanagement. Gräfe und Unzer Verlag: München 2004

Autor

Holger Mittelstädt ist in der Berliner Schulaufsicht tätig und Lehrer an einem großen Gymnasium. Daneben führt er Schulleitungsseminare zu unterschiedlichen Themen durch, hat bereits zahlreiche Titel zu verschiedenen Bereichen der Schulentwicklung verfasst und ist Mitglied im Fachbeirat der Zeitschriften „schul-management" und „Schulmanagement-Handbuch".
E-Mail: info@Schule-und-PR.de

Vorschau

Schulmanagement-Handbuch 118
Vergleichsarbeiten und Schulentwicklung

Schulmanagement-Handbuch 119
Effektive Kooperationsstrukturen

Schulmanagement-Handbuch 120
Suchtprävention